키르케고르의 절망 수업

# 키르케고르의 절망 수업

실존주의 철학자가 말하는
절망을 희망으로 바꾸는 삶의 연금술

쓰시미 구미코 지음

전경아 옮김

RHK
알에이치코리아

이 책을 선택해 주셔서 감사드립니다. 갑작스럽지만, 혹시 지금 당신은 절망에 빠져 있지 않습니까?

이 책의 부제는 '절망을 연구한 철학자에게 배우는 꽉 막힌 인생에서 벗어나는 방법「絶望」を考え抜いた哲学者に学ぶ「詰んだ」人生から抜け出す方法'입니다. 이 문장에 끌려 책장을 펼친 독자들도 있을 테니 그중에는 '절망하고 있습니다'라고 대답하는 사람도 분명 있을 것입니다.

일이 잘 풀리지 않는다. 가족과 사이가 좋지 않다. 실연당했다. 돈이 없다. 장래가 불안해 견딜 수 없다…….

절망의 이유는 사람에 따라 각양각색이지만, 근본적인

해결책은 하나뿐입니다. 자신의 고민을 깊이 이해하고, 스스로의 삶의 방식을 철저하게 고민하며(즉, 자기 자신과 마주하기), 영혼 깊숙한 곳에 존재하는 솔직한 마음의 소리에 귀를 기울이는 것. 저는 키르케고르의 책 『죽음에 이르는 병 Sygdommen til Døden』에서 이 사실을 배웠습니다.

쇠렌 키르케고르 Søren Kierkegaard(1813~1855)는 덴마크의 철학자입니다. 기독교 신자로 『죽음에 이르는 병』을 비롯해 독자를 믿음으로 인도하는 많은 저작을 발표했습니다. 『죽음에 이르는 병』은 '교화와 각성을 위한 기독교적·심리학적 논술'이라는 어려운 부제가 보여 주듯이 기본은 기독교를 포교하기 위한 책입니다.

그러나 이 책은 인간이 안고 있는 '절망'의 원인을 밝혀내고 분류하며, 절망을 극복하는 힌트에 관해서도 세심하게 고찰합니다. 그래서 기독교를 믿고 안 믿고와 상관없이 전 세계 수많은 사람들이 시대를 초월하여 이 책을 절망의 지침서로 읽어왔습니다. 이 책은 『죽음에 이르는 병』 등 키르케고르의 저작과 그 사상을 토대로, 제가 키르케고르가 되어 여러분을 절망의 구렁텅이에서 구해내기 위해 쓰였습니다.

# 키르케고르 선생님에게 빙의했다고?

소개가 늦었습니다. 저는 사단법인 아이아이 어소시에이츠의 창업자인 쓰쓰미 구미코라고 합니다. 아이아이 어소시에이츠는 철학을 바탕으로 개인의 천재성을 발휘하는 교육 프로그램 등을 제공하는 단체입니다. ……라고 쓰면 뭔가 수상한 집단처럼 보일 것 같지만 전혀 그렇지 않습니다. 아이아이 강좌는 지금까지 3만 명이 넘는 분들이 참여해 주셨고, 또한 기업의 연수 과정 등에도 널리 활용되고 있습니다.

최근에는 어느 현의 사립 고교 야구부 부원을 지도하는 데 도입되어 31년 만의 고시엔 출전이라는 결과를 낳는 데 기여하기도 했습니다. 지난 2018년 출간한 『책임은 어떻게 삶을 성장시키는가: 행동하는 철학자 사르트르에게 배우는 인생 수업 超解釈 サルトルの教え』도 많은 분이 읽어 주셔서 순조롭게 중판을 거듭하고 있습니다.

이런 제가 왜 키르케고르가 되려고 하는지 간단히 언급하겠습니다.

저는 아이아이 강좌에서 키르케고르의 철학을 다루면서 그의 저작을 나름대로 열심히 읽고 이해했습니다. 그의 문장

은 난해하고 읽는 데 시간이 걸립니다. 그런데 어느 순간부터 누군가를 상담할 때 키르케고르식 표현으로 해결책을 이야기하는 저를 발견했습니다. 도호쿠 지방 북부에는 무녀가 죽은 사람의 말을 대신하는 '이타코의 구치요세ィタコの口寄せ'라는 풍습이 있는데, 꼭 그것처럼 제가 키르케고르의 입을 빌려 말을 하는 듯한 기분이었습니다.

## 솔직한 마음을 들여다보면
## 절망에서 벗어날 수 있다

키르케고르가 되어보니 저를 포함한 대다수의 사람들의 수많은 고민이 '자신의 진심과 마주하지 않는 것'에서 비롯된다는 사실을 알게 되었습니다.

그러나 제가,

"사람들과 잘 지내지 못하는 이유는 자신의 진심이 뭔지 잘 모른 채 타인들과 어울리기 때문입니다."

"화가 나는 이유는 자신의 진심이 원하는 자신과 실제 자신과의 차이 때문입니다."

"미래가 불안한 이유는 자신의 진심과 대화를 나누지 않기 때문입니다."

이렇게 설명하면 많은 사람들이 "아뇨, 저는 제 본모습대로 살고 있어요"라고 대답합니다. 그러나 좀 더 깊이 파고들어 들어보면 대부분의 경우 그 모습은 '진심'이 아닙니다. 이 책에서 말하는 진심이란 다음과 같습니다.

'영혼의 깊은 곳에서 솟아나려는 것.'

'무슨 일이 있어도 진정으로 해내고 싶은 것(사명).'

'자신이 본래 있어야 할 곳.'

자신의 진심을 알았을 때, 사람은 자신을 괴롭히는 눈앞의 문제에서 해방되어 평온한 마음을 되찾을 수 있습니다. 그리고 주어진 임무를 향해 열정적으로 살아갈 수 있습니다. 또한 진심대로 살아가면 다시 고민에 부딪히더라도 의연하게 마주하고 대처할 수 있게 됩니다.

인생에서 자기 자신의 진심과 마주하는 일은 매우 중요합니다. 그런데도 많은 사람이 그렇게 하지 못합니다. 어떻게 마주해야 할지 모르겠다, 자신의 진심 따위 알고 싶지 않다, 생각하는 것 자체가 귀찮다, 스스로의 일에 무관심하다······ 등등 이유는 다양합니다. 참으로 안타까운 일입니다.

자신의 진심을 깨닫는 방법, 즉 진심으로 사는 삶의 중요성을 일찍이 설파한 철학자가 키르케고르입니다. "한 명이라도 더 많은 사람이 온 마음을 다해 살았으면 좋겠다." 저는 이 책에서 키르케고르가 되어 이 진실을 전하고 싶습니다.

.

## 절망의 네 가지 타입
## '무한성' '유한성' '가능성' '필연성'

인간은 다른 사람과 관계를 맺듯이 자기 자신과도 관계를 맺으며 살아갑니다. 가고 싶지 않은 술자리에 참석하거나, 사실은 커피를 잘 마시지 못하지만 친구에게 맞춰 "나도 같은 걸로"라고 주문해 버립니다. 이는 자신을 무시하는 행동으로, '본래의 자신'이라고는 할 수 없습니다.

키르케고르는 절망을 '본래 있어야 할 자아를 잃어버린 상태'라고 생각했습니다. 자아를 잃어버리는 이유는 자기 자신과 잘 지내지 못하기 때문입니다. 그는 자신과 관계할 때의 필수 요소 여섯 가지로 '무한성', '유한성', '가능성', '필연성', '시간성', '영원성'을 꼽았습니다. 이 여섯 가지의 총합이

키르케고르의 절망 수업

인간이라고 합니다. 여섯 가지 중 어느 한 가지에 치우치지 않고 존재하는 상태가 이상적이며, 어느 하나에 치우치면 절망에 빠지게 된다는 뜻입니다.

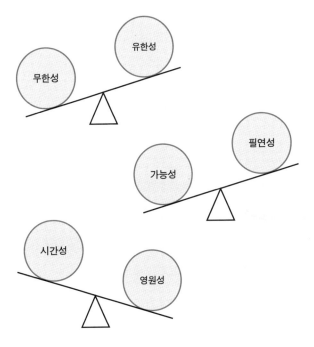

어디에 중점을 둘 것인지 균형을 잡으면서 스스로 태도를 정하고 관계를 맺으며 살아가면 진정한 자신이 될 수 있다.

이를 바탕으로 하여, 키르케고르는 절망을 다음과 같은 네 가지 유형으로 나누었습니다.

## 절망의 네 가지 타입

**'무한성의 절망'**  상상만 하고 현실에 눈을 돌리지 않는다.

**'유한성의 절망'**  현실만 바라보며 자신이 타인과 비슷하다는
사실에 안심하고 상상력을 발휘하지 않는다.

**'가능성의 절망'**  미래는 가능성으로 가득 차 있으니 자신은
무엇이든 할 수 있다고 굳게 믿는다.

**'필연성의 절망'**  일어난 일에 대해 '이것은 필연, 운명이니까
어쩔 수 없다'고 생각한다.

이 책에서는 각자의 절망의 유형을 밝히기 위해 14페이지에 질문 형식의 차트를 준비했습니다. 먼저 자신의 절망 유형을 이해하세요. 자신의 유형을 이해하면 절망에서 벗어나는 방법도 알 수 있습니다. 유형별 대처법을 참고하여 스스로를 마주하면 한층 진심에 가까워질 것입니다.

대처법은 1~8장의 대화 속에 담아냈습니다. 전부 제게 상담하러 온 사람들의 실화를 바탕으로 구성되어 있습니다. 문제를 해결한 사람들의 실제 이야기는 실용적이고 지금 당장 도움을 줄 수 있는 팁으로 가득합니다. 또한 이어진 칼럼에서 키르케고르의 생애와 사상에 대해 정리했습니다. 그를

이해하는 데 도움이 될 것입니다.

이 책은 많은 분에게 도움이 되겠지만, 특히

- 지금 당면한 절망에 빠져 있는 사람
- 자신이 해야 할 일을 찾지 못하는 사람
- 자신을 해방하고 싶은(자유롭고 싶은) 사람
- 자신을 더 깊이 파고들고 싶은 사람
- 고민을 빨리 해결하고 싶은 사람
- 스스로에게 자신감이 없는 사람

에게 추천합니다. 제가 키르케고르를 통해 진심으로 사는 삶의 소중함을 깨달았듯이, 제가 만난 상담자들이 진정한 자신을 발견했듯이, 이 책을 읽은 여러분이 새로운 깨달음을 얻을 수 있다면 저자로서 더없이 기쁠 것입니다.

쓰쓰미 구미코

# 당신의 절망은 어떤 타입일까?

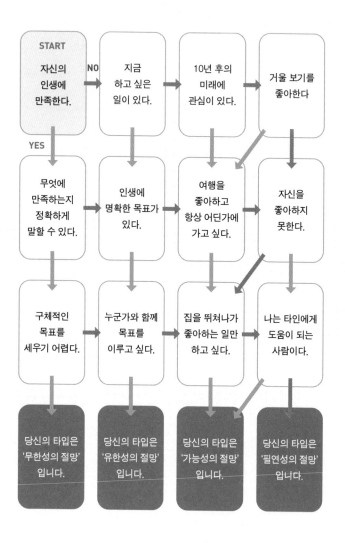

START
자신의
인생에
만족한다.

NO → 지금
하고 싶은
일이 있다.

10년 후의
미래에
관심이 있다.

거울 보기를
좋아한다

YES

무엇에
만족하는지
정확하게
말할 수 있다.

인생에
명확한 목표가
있다.

여행을
좋아하고
항상 어딘가에
가고 싶다.

자신을
좋아하지
못한다.

구체적인
목표를
세우기 어렵다.

누군가와 함께
목표를
이루고 싶다.

집을 뛰쳐나가
좋아하는 일만
하고 싶다.

나는 타인에게
도움이 되는
사람이다.

당신의 타입은
'무한성의 절망'
입니다.

당신의 타입은
'유한성의 절망'
입니다.

당신의 타입은
'가능성의 절망'
입니다.

당신의 타입은
'필연성의 절망'
입니다.

키르케고르의 절망 수업

# 이 책 사용법

자신의 절망 유형을 알게 되었다면 해당 유형을 다루는 장부터 읽는 게 효율적입니다.

| 무한성의 절망 | 1장, 5장 |
| --- | --- |
| 유한성의 절망 | 2장, 6장 |
| 가능성의 절망 | 3장, 7장 |
| 필연성의 절망 | 4장, 8장 |

키르케고르는 절망의 유형 외에 절망의 수준도 분류했습니다. 220페이지에 실린 부록에는 절망의 수준별 대처법도 정리해 두었으니 참고하세요.

# 차 례

## 1장 ✎ 무한성의 절망 1

## 2장 ✎ 유한성의 절망 1

# 3장 🖋 가능성의 절망 1

# 4장 🖋 필연성의 절망 1

## 5장 　무한성의 절망 2

## 6장 　유한성의 절망 2

## 7장 ✎ 가능성의 절망 2

## 8장 ✎ 필연성의 절망 2

# 무한성의
# 절망 1

_S. Kierkegaard_

"아는 것보다
  행동하는 것이 제일이다."

— 『키르케고르의 일기 – 철학과 신앙 사이キェルケゴールの日記―哲学と信仰のあいだ』
  쇠렌 키르케고르 지음, 스즈키 유스케 엮음, 고단샤

**고이치 씨의 사례**

고이치 씨(32세)는 회사원으로 아내와 단둘이 산다.
아내에게 말하고 싶어도 하지 못하는 고민이 있다.

· · · · · · · · · · · · · · · · · · · · · · · · · · · · · · · · · · · · · · · · · ·

## 고민을 '가시화'하는 것이 첫걸음

고이치    정말 죽고 싶습니다. 어떻게 해야 할지 모르겠

어요.

키르케고르    죽고 싶다라…… 하지만 당신은 아직 죽지 않

았군요?

고이치    아내를 두고 죽을 수는 없습니다.

키르케고르    그렇게 살아가는 상태를 절망이라고 합니다.

고이치       네, 정말로 절망하고 있어요. 저도 그 정도는 알
       고 있어요.

키르케고르    절망에 빠져 있다는 사실을 알아차리지 못하는
       사람들이 많습니다. 세상 사람들은 대부분 절망하고
       있지만 자각하지 못하고 있어요. '자신이 절망하고 있
       다는 사실을 알지 못하는 절망'이라는 건데, 거기에 대
       해서는 다음 기회에 말하기로 하죠. 지금은 고이치 씨
       이야기부터 들어보죠. 왜 절망에 빠져 있나요? 말해 보
       세요.

고이치       말을 하라고 해도 어디서부터 시작해야 할지
       모르겠어요.

키르케고르    진정하고 심호흡을 하세요. 혼란스러울 때는
       머리를 비우고 심호흡을 하는 게 제일이에요. 자, 차를
       좀 마셔요. 고이치 씨, 머리를 싸매 봤자 아무것도 해결

되지 않습니다. 우선 고민을 털어놓는 것부터 시작하는 거예요. 순서는 생각하지 않아도 돼요. 어디서부터 이야기해도 상관없어요. 머릿속에서 빙글빙글 맴돌고 있는 생각들을 하나하나 공들여 주워 담아 언어로 표현하는 거예요. 말할 상대가 없다면 종이에 써도 좋아요. 고민을 눈에 보이게 '가시화'해서 구체적인 형태로 만들어보는 거예요.

고이치    구체적인 형태? 그게 무슨 의미가 있나요?

키르케고르    중요한 의미가 있습니다. 무엇 때문에 고민하는지 확실하지 않아서 해결되지 않는 거예요. 우선은 고민을 머릿속에서 꺼내서 나열해 보세요. 주머니 속에 있는 물건을 탁자 위에 꺼내놓는 것처럼 언어로 표현해 보세요. 고민을 가시화하면 대수롭지 않은 고민이 되는 경우도 많습니다. 저도 매일 일기를 쓰면서 고민을 '눈에 보이게' 만들었어요.

## 절망이란 '사고 정지' 상태

**키르케고르**　도행히도, 제가 보기에 당신에게 진정으로 심각한 일은 아직 일어나지 않았어요. 정말 중대한 일이 일어났다면 여기까지 올 수도 없었을 겁니다. 고이치 씨, 당신은 충분히 실존하고 있어요.

**고이치**　실존이요?

**키르케고르**　네. 실존이란 자신의 과제를 확실히 자각하고 해결하려는 의지를 말해요. 자기답게 사는 데 아주 중요한 자세죠.

---

**실존**　자신의 과제를 자각하고, 과제를 해결하기 위해 스스로 노력하려는 본연의 자세.

---

**고이치**　실존하지 않으면 어떻게 되나요?

**키르케고르**　뭐, 절망하게 되겠죠. 자기 상실 상태니까.

**절망의 정의 2**   실존하지 않은 상태. 본래의 자기 모습을 잃
어버린 '자기 상실의 상태'에 놓여 있는 것.

고이치        자기 상실의 상태?

키르케고르    '나는 이렇게 살고 싶다' 같은 걸 생각하지 않
는 상태이자, 눈앞의 과제를 보려 하지 않는 상태입니
다. 아무 생각도 하지 않고 사는 걸 말하죠. 정확하게 말
하면 자신은 '생각한다'고 여기지만 제대로 생각하지도
않고 본연의 목소리에 귀를 기울이지도 않아요. 한마디
로 사고가 정지된 상태죠. 적어도 당신은 자신이 안고
있는 모호한 과제를 어떻게든 해결하려고 발버둥 치고
있어요. 해결하기 위해 여기까지 왔죠. 실존하려 하고
있어요. 그러니 희망은 있습니다. 결코 큰 사건은 아니
니 안심하세요.

고이치        예? 하지만 제게 일어난 일은 중대한 문제입니
다. 큰 사건이에요.

키르케고르    음, 알겠어요. 그럼 어떤 일이 있었는지 이야기
를 나눠 보죠.

# 빚을 숨기려 거듭된 거짓말

고이치      결혼한 지 6개월 된 아내에게 비밀을 들킬 것 같아요. 회사에서 거의 일을 하지 않아서 월급이 10만 엔(한화 약 90만 원) 정도밖에 안 된다는 사실을요.

키르케고르      부인을 만났을 때는 월급을 많이 받았나 보군요.

고이치      이래 봬도 저는 한때 잘나가는 부동산 세일즈 맨이었습니다. 부동산 영업직은 기본급이 적지만 계약을 따내면 그만큼 성과급이 올라갑니다. 저는 영업에 소질이 있었던 것 같아요. 회사에 들어갔을 때부터 계약을 많이 체결해서 성과급으로 한 달에 50만 엔(약 450만 원) 정도 받았거든요. 더 높은 곳을 목표로 이직했고, 꼭 갖고 싶었던 부동산 세일즈 업계 탑이라는 타이틀도 손에 넣었습니다.

키르케고르      대단했군요.

고이치      풍족한 시절에 아내를 만나 아내에게는 돈을 잘 버는 남자로 보였을 것입니다. 하지만 벌이가 좋았던 때는 거기까지. 최고라는 타이틀을 차지한 뒤 갑자기 의욕을 잃고 아무 생각도 할 수 없게 되었습니다.

키르케고르    과연, 번아웃 증후군이로군요.

고이치    그 상태가 된 건 결혼하기 반년 전으로, 월급이 뚝 떨어져서 기본급인 10만 엔만 받았습니다. 하지만 이제 와서 "돈이 없다"고 말할 수도 없고, 삶의 질을 떨어뜨릴 수도 없었습니다. 그래서 저도 모르게 소비자 금융회사에서 돈을 빌리게 되었고, 그 사실을 숨긴 채 결혼하고 말았어요.

키르케고르    빚이 있다고 했는데 생활비는 어떻게 융통하고 있나요?

고이치    매달 아내에게 30만 엔(약 270만 원)을 주고 있습니다.

키르케고르    월급이 10만 엔밖에 안 되는데, 남은 20만 엔(약 180만 원)은 어떻게 충당하고 있나요?

고이치    지금도 매달 소비자 금융회사에서 대출받고 있습니다. 금액이 점점 불어나서 무섭기까지 해요.

키르케고르    출근은 하고 있죠?

고이치    외근 영업이라서 연락만 하면 회사에 출근 도
장을 찍지 않아도 됩니다. 아내에게는 "회사에 다녀올
게"라고 말하고 집을 나와 귀가할 때까지 계속 피시방
에서 만화를 읽거나 자면서 시간을 보냅니다.

키르케고르    부인은 눈치채지 못했나요?

고이치    아직까지는 눈치채지 못한 것 같습니다. 아내
가 의심하지 않게 하루 종일 정처 없이 돌아다니기도 하
고, 와이셔츠 깃을 땀으로 더럽히기도 하니까요. 그런
잔재주를 부려서라도 아내에게는 알리고 싶지 않아요.
하지만 이런 외줄 타기 같은 생활도 이제 한계입니다.


## '무한성의 절망'의 특징

키르케고르    당신은 '두려움의 늪'에 빠져 있어요.

고이치      두려움의 늪? 그게 뭔가요?

키르케고르      제가 본 당신의 이미지입니다.

고이치      듣고 보니 그럴지도 모르겠습니다. 바닥없는 늪에 가라앉고 있는 이미지가 저에게 아주 딱입니다.

키르케고르      스스로 상상할 수 있다니 좋은 징조입니다. 지금 자신이 서 있는 위치를 상상할 수 있으면 그곳에서 벗어나는 방법도 생각할 수 있습니다. 당신의 고민도 대충 알겠어요. 정리하자면 이렇게 되겠군요.

- 빚이 계속 늘어나고 있다.
- 그 사실을 아내에게 말할 수 없다.
- 다시 일하려는 의욕이 생기지 않는다.

열거해 보면, 당신은 완전히 꿈속에 살고 있군요. 돈이 없는데도 빚을 지면서까지 능력 있는 영업사원인 척하고 아내에겐 사실을 숨기고 거짓말에 거짓말을 더하고 있죠. 회사에서도 일하는 척하면서 실제로는 일하지 않고 있고요. 완전히 꿈속을 헤매고 있을 뿐이에요. 현실을 직시하지 않고, 이렇게 말해서 미안합니다만, 도망치고 있는 겁니다. 제가 보기에 당신은 '무한성의 절망'의 전형이에요.

고이치     무한성의 절망이요?

키르케고르     네. 무한성의 절망. 그 특징을 꼽아 보겠습니다.

**'무한성의 절망'의 특징**

- 인간의 가능성은 무한하다고 생각한다.

- 상상이나 공상, 몽상의 세계에 빠져 있는 경우가 많으며, 현실의 자아는 존재감이 약하다.

- 직면해야 할 현실에서 자주 도피한다.

- '지금'을 살지 않는다.

- 허구의 이야기 안에 있는 걸 좋아한다.

- 돈 관리를 잘하지 못한다.

- 주변을 잘 보지 못한다.

- '부자가 되면 ○○할 수 있을 텐데', '슈퍼맨이 되면 ○○

씨와 결혼할 수 있을 텐데'와 같이 실현 가능성이 없는 소원을 자주, 진지하게 빈다.

고이치      진짜, 저에게 거의 다 해당하는데요.

키르케고르      그렇게 생각한다면 다행입니다. 자신을 아는 게 중요하니까요.

고이치      '두려움의 늪'에서 빠져나오려면 어떻게 해야 할까요?

키르케고르      그건 스스로 생각해야 합니다. 고이치 씨는 어떻게 되고 싶죠?

고이치      어떻게 해야 할지 몰라서 여기 온 거예요.

키르케고르      '어떻게 하면 좋을까?'가 아니라 '어떻게 되고 싶은가?'를 묻는 겁니다. 아내와 이혼하고 혼자 살고 싶다거나, 예전처럼 유능한 영업맨이 되고 싶다거나, 구체적으로 실현 가능한 모습을 상상해 보세요.

고이치      저는 아내와 절대 이혼하고 싶지 않습니다. 계속 같이 있고 싶고, 더 이상 빚도 지고 싶지 않습니다.

키르케고르    말 잘했어요. 그게 당신의 마음속 목소리, 당신의 진짜 목소리입니다. 당신은 지금까지 그 목소리를 무시해 왔어요. 자신의 마음속 목소리를 무시하면 자기 상실에 빠지게 되죠.


## 무한성과 유한성의 균형 잡기

키르케고르    고이치 씨, 힌트를 드리겠습니다. 당신은 꿈에서 깨어나야 해요. 현실 세계로 돌아오세요.

고이치    현실 세계로 돌아와라?

키르케고르    우선 거짓말을 그만둬야 합니다. 거짓말로 가득한 일상에서 벗어나야 해요. 거짓말로 굳어진 일상에서 벗어나기 위한 첫 번째 방법은 아내에게 솔직하게 털어놓는 겁니다.

고이치    그렇게 할 수 있다면 고민하지도 않았겠죠!

키르케고르　　　어려운 일이 아니에요. 시간을 정해 놓고 말하기만 하면 됩니다.

고이치　　　아내가 불같이 화를 낼 겁니다. 최악의 상황이라면 이혼하게 될지도 몰라요.

키르케고르　　　또 멋대로 상상의 세계에 빠져들고 있군요. 아내의 마음은 오직 아내만이 알 수 있습니다. 당신이 생각해 봤자 소용없어요. 아무도 모른다고요. 반대로 "말해 줘서 고마워"라고 할 수도 있잖아요. 당신이 말해 주기를 기다리고 있을지도 모르고.

고이치　　　…….

키르케고르　　　고이치 씨, 인간은 '시간성'과 '영원성'의 통합이기도 합니다.

고이치　　　네?

키르케고르　　　인간은 시간 안에서 살 수도 있고, 영원을 살 수도 있습니다.

시간 안에서 산다　과거에서 미래로 이어지는, 시간축 안에서
　　　　　　　　　사는 것. 과거와 미래를 생각하며 사는 것.

영원을 산다　인생은 '지금'의 축적이다. 시간을 초월하여,
　　　　　　　그저 '지금' 이 순간을 사는 것.

키르케고르　　어느 한쪽이 더 낫다는 건 아닙니다. 둘 다 중요
하죠. 다만 고이치 씨는 시간성에 너무 치우쳐 살고 있
어요. 어떻게 될지 모르는 미래만 보고 있단 말이에요.
'지금'을 보세요.

고이치　　　　'지금'이요?


키르케고르　　네, '지금' 이 순간을 사는 겁니다. 이 순간에 어
떻게 할 것인가를 결정하는 거예요. 전부 당신이 결정
하는 거죠. 인간은 자신의 삶을 선택할 수 있어요. 그리
고 인생은 자신이 선택한 방향으로만 흘러갑니다.
가정이란 원래 편안하고 안심할 수 있는 곳이에요. 그
런 곳을 당신은 '두려움의 늪'으로 만들었어요. 당신이
멋대로 선택한 결과입니다. 고이치 씨, 당신은 지금의

상태를 계속 유지할 수도 있고 다른 길을 선택할 수도 있어요.

고이치       ……알겠습니다. 아내에게 전부 다 털어놓겠습니다.


키르케고르     언제요?

고이치       그렇게 갑자기, 언제냐고 하면…….


키르케고르     당신은 줄곧 무한성의 절망, 즉 상상의 세계에 있었어요. 지금은 반대편 세계로 돌아가려고 합니다. 무한성의 반대편, 그게 뭔지 알고 있나요?

고이치       유한성인가요?


키르케고르     그래요. 인간은 본래 무한성과 유한성을 가지고 균형 있게 사는 게 가장 좋아요. 하지만 당신은 지난 일 년간 무한성에 치우쳐 상상 속에서 살아왔어요. 균형을 되찾으려면 좀 더 실체적인 세계에 눈을 돌려야 합니다. 현실 세계로 돌아오기로 했으면, 구체적으로 결정해야 한다는 말이죠. 아내에게 언제, 어디서 말할 건지 결정하세요.

고이치     그, 그럼 다음 주 일요일 오후 2시로 하겠습니다!

키르케고르     고이치 씨, 당신은 절망에서 벗어날 수 있습니다. 아내에게 말하고 나면 다른 두 가지 고민, 즉 빚이 계속 늘어나고, 일할 의욕이 생기지 않는다는 고민도 조만간 해결될 겁니다. 당신에게 다음과 같은 말을 전합니다.

아는 것보다 행동하는 것이 제일이다.

_『키르케고르의 일기-철학과 신앙 사이』

고이치     무슨 뜻인가요?

키르케고르     현실을 직시하고 행동하라는 말입니다. 부인에게 현재 처한 상황을 말하고 대처해 나가세요. 언제, 어디서, 누가, 무엇을 할 것인가? 목적과 목표를 정하고 해야 할 일을 하나씩 공들여 해나가면 모든 게 좋은 방향으로 움직이기 시작할 거예요. 괜찮아요.

훗날, 고이치 씨에게 연락이 왔습니다.

아내에게 털어놓았더니 빚을 지고 있던 것보다 계속 거짓말을 했다는 사실에 심하게 충격을 받았다고 합니다. 고이치 씨가 울면서 사과하자, "함께 빚을 갚을 방법을 생각해요"라고 눈물을 흘리며 손을 잡아 주었다고 합니다.

그날을 계기로 고이치 씨는 다시 조금씩 일할 수 있게 되었고, 부인과 함께 부업도 시작했다고 합니다. 그녀가 고이치 씨에게 안정감을 주었습니다. 이제 안도감을 맛보았으니 더는 거짓말을 하며 생활을 꾸려갈 일도 없을 것입니다.

· · · · · · · · · · · · · · · · · · · · · · · · · · · · · · · · · · · · · · ·

**키르케고르 선생님이 전하고 싶은 이야기 ①**

인생은 자신이 선택한 방향으로만 나아간다!

# 키르케고르에게
# 큰 영향을 미친 그의 아버지

쇠렌 키르케고르는 1813년 5월 5일 덴마크 코펜하겐에서 태어났습니다.

아버지 미카엘 키르케고르는 당대에 큰 부를 쌓은 모직물 상인이었습니다. 나이 마흔에 은퇴할 정도로 큰 성공을 거두었고 독실한 기독교 신자였으며, 은퇴 후에는 종교와 철학에 몰두하는 일상을 보냈습니다. 첫 아내와는 2년간 결혼 생활을 했는데, 아이를 갖기도 전에 아내가 세상을 떠났습니다. 이후, 미카엘이 재혼한 상대인 아네가 바로 키르케고르의 어머니입니다. 아네는 집안일을 돕기 위해 키르케고르 가문에 고용된 여성이었습니다.

미카엘은 첫 부인의 상이 끝나기도 전에 아네와 결혼했고, 그로부터 5개월 후에 첫 아이가 태어났습니다. 결혼 전, 반쯤 폭력적으로 하인 아네와 관계를 맺고 아이가 생겨서 결혼하게 된 것입니다. 기독교의 교리에 반하는 이 행위는 미카엘을 훗날까지 괴롭히게 됩니다.

미카엘과 아네 사이에는 아이들이 연달아 태어났습니다. 키르케고르는 미카엘이 쉰여섯 살, 아네가 마흔다섯 살이었을 때 태어난 아이로, 위로는 여섯 명의 형과 누나가 있었습니다. 미카엘은 키르케고르를 종교인으로 키우기 위해 어린 시절부터 애정이 넘치면서도 다소 엄격하게 가르쳤습니다. 어머니 아네는 명랑하고 상냥한 성격이었습니다.

키르케고르는 아버지에게 어둡고 우울한 기질을, 어머니에게 유머와 쾌활한 성격을 물려받았다고 합니다. 키르케고르는 아버지에게 "목사가 됐으면 좋겠다"는 말을 듣고 1830년, 열일곱의 나이에 코펜하겐 대학교에 입학했고, 이듬해 신학부에 진학했습니다.

순풍에 돛 단 듯한 인생이었으나 키르케고르가 스무 살을 맞이하기 전후부터 가족에게 잇달아 불행이 닥칩니다.

1832년, 둘째 누나가 출산을 하다 나이 서른둘에 사망했습니다.

1833년, 셋째 형이 스물네 살에 병사했습니다.

1834년, 어머니 아네가 병으로 죽고 셋째 누나가 나이 서른셋에 병사했습니다.

2년 사이에 네 명의 가족이 세상을 떠난 것입니다.

그 전에도 둘째 형이 1819년, 큰누나가 1822년에 이미 병으로 죽었습니다. 아홉 명이었던 대가족은 아버지와 코펜하겐 대학에서 학습지도교관으로 일하던 맏형 페테르, 그리고 키르케고르 세 명만 남게 되었습니다.

이러한 가족의 불행에 마음이 아팠는지 1835년 키르케고르는 신학 공부를 포기하고 문학과 철학에 몰두했습니다. 또 관심사의 폭이 넓어져 유명한 카페나 극장에도 드나들게 됩니다. 아버지의 뜻에 반하는 이러한 키르케고르의 태도는 부모로부터의 정신적 독립을 의미했습니다.

### 아버지의 고백, 머릿속 '대지진'의 발생

집을 떠나 하숙 생활을 시작한 키르케고르는 신학 공부를 내팽개치고 방탕한 생활을 보냈습니다. 그를 다시 일어서게 한 것은 그의 일기에 자신의 인생을 뒤흔든 '대지진'으로

키르케고르의 절망 수업

기록된 사건입니다. 아버지 미카엘이 남긴 다음과 같은 고백으로 그 내용을 예상할 수 있습니다.

'결혼하기 전 강제적으로 아내를 임신시켰다. 그 죄로 인해 태어난 아이가 33세(그리스도가 십자가에 못 박혔다고 추정되는 나이)를 넘기지 못하고 차례차례 죽어버렸다.'

키르케고르는 이 사건으로 인해 아버지가 사는 집으로 다시 돌아갑니다.

대지진 때문에 1835년 방탕한 생활을 시작했다는 설도 있지만, 후세의 연구로 이 사건이 그를 다시 일으켰다는 설이 유력해졌습니다. 일기에 날짜가 없어 명확하게 증명할 수는 없습니다만, 여기서는 후자를 따릅니다.

모처럼 마음을 추스르고 친가로 돌아왔으나, 그로부터 불과 한 달 뒤 아버지 미카엘이 세상을 떠납니다. 1838년 8월, 키르케고르가 스물다섯이 되던 해였습니다.

아버지의 죽음으로 키르케고르는 막대한 유산을 손에 넣습니다. 그는 신학도의 길로 돌아왔고 1840년 7월, 신학 국가시험에 합격합니다. 하지만 유산을 받아 일하지 않고도 살아갈 수 있었던 키르케고르는 작가의 길을 걷게 됩니다.

# 2장

# 유한성의
# 절망 1

"인간은 누구나 지루하다."

— 『인생의 지혜 XIII 키르케고르의 말 人生の知恵XIII キルケゴールの言葉』

오타니 히데히토 지음, 야요이서방

**시즈코 씨의 사례**

시즈코 씨(33세)는 혼자 살면서 회사원으로 일한 지 10년째.
최근 들어 가슴이 답답하고 울적한 기분이 들기 시작했다.

. . . . . . . . . . . . . . . . . . . . . . . . . . . . . . . . . . . . . . . . . . . . .

## '유한성의 절망'의 특징

시즈코        최근에 사는 게 어렵다고 느끼고 있어요.

키르케고르    하지만 다행히 오늘도 살아가고 있죠.


시즈코        산다는 게 뭘까요?

키르케고르    어려운 질문이네요. 저도 매일 생각합니다.


시즈코        아침 7시에 일어나 8시에 집을 나서 8시 반부

터 저녁 5시 반까지 회사에서 일합니다. 월요일부터 금

요일까지 매일 같은 시각, 같은 전철로 다니고, 직장에서 만나는 사람은 언제나 같은 얼굴들. 쉬는 날에는 집에서 빈둥거리다 미용실에 가거나 쇼핑을 하거나 방 청소를 하는 식입니다.

키르케고르　　　생활에 변화가 필요한가요?


시즈코　　　저도 잘 모르겠어요.

키르케고르　　　그렇다면 여기엔 왜 온 거죠?


시즈코　　　얼마 전에 친구 집에 놀러를 갔어요. 그 친구는 햄스터를 기르고 있는데, 햄스터가 쳇바퀴 안에서 계속 돌고 있는 모습이 왠지 모르게 신경 쓰였어요. 이삼 일이 지나서야 왜 그런지 알게 되었죠. 계속 같은 곳을 맴돌고 있다……. 그렇게 생각하니 가만히 있을 수가 있어야죠. 정신을 차리고 보니 이곳에 와 있었습니다.

키르케고르　　　한곳을 맴도는 생활에서 벗어나고 싶은 건가요?


시즈코　　　그럴지도 모르겠어요. ……사실 잘 모르겠습니다.

키르케고르     그렇게 한곳을 맴도는 듯한 기분을 몇 년간 느낀 건가요?

시즈코     회사에서 일하기 시작한 지 어느덧 10년이 되어갑니다. 물론 처음에는 그렇게 느끼지 않았지만, 서른 살을 넘긴 무렵부터 점점 같은 곳을 빙글빙글 맴도는 느낌이 강해졌어요.

키르케고르     '사람은 10년 안에 무언가를 깨닫는다'는 말도 있죠. 당신은 10년간 회사에서 같은 일을 반복해 왔으니, 내면에서 뭔가가 일어났을지도 모릅니다. 그런 당신에게 해 주고 싶은 말이 있어요.

무엇을 하든, 한 가지 원칙을 가지고 시작하는 것이 대단히 현명한 일이라고 경험자들은 주장한다. 나는 이 주장을 받아들이고 다음과 같은 원칙으로 출발하겠다. '인간은 누구나 지루하다.' 설마 이 원칙에 반대할 만큼 지루한 사람은 없지 않을까?

**__「인생의 지혜 XIII 키르케고르의 말」**

시즈코      '인간은 누구나 지루하다'라……. 적어도 제가 지루한 상태인 건 틀림없네요.

키르케고르      지루함을 느끼는 건 후퇴하고 있다는 증거예요. 인간은 성장하기 마련인데, 당신은 후퇴하기 시작했어요. 그걸 알아차린 거죠. 후퇴하는 삶에서 벗어나고 싶은 거예요. 그런 삶은 절망에 빠진 삶과 같으니까요. 유형으로 말하자면 당신은 '유한성의 절망'입니다. 유한성의 절망에는 다음과 같은 특징이 있습니다.

---

**'유한성의 절망'의 특징**

- 자신을 어딘가에서 잃어버렸다고 생각한다.

- 많은 사람들 안에 섞여서 그 사람들과 똑같이 행동해야 편안하고 안전하다고 여긴다.

- 자기만의 가치 기준을 갖고 있지 않다.

- '보통 ○○잖아.', '보통 ××하지?'가 입버릇처럼 배어 있다.

- 일류 대학을 졸업하고 좋은 회사에서 일하는 게 최선의 인생이라고 생각한다.

- 자신이 기계의 수많은 톱니바퀴 중 하나라는 사실에 위

        키르케고르의 절망 수업

화감을 느끼지 않는다.

- 모험을 하지 않는다.
- 상상력이 부족하다.

---

키르케고르    당신은 진짜 자신을 어딘가에 두고 왔는지도 모른 채 기계 속 톱니바퀴처럼 사는 데 위화감이 없었습니다. 아니, 정확히 말하면 지금까지는 위화감이 없었죠. 하지만 얼마 전부터 겨우 위화감을 느끼기 시작했어요. 즉, 절망을 느끼고 거기에서 벗어나고 싶었던 겁니다. 그렇지 않나요?

시즈코    '유한성의 절망'이라니, 제가 느끼는 지루함은 그런 고상한 게 아닙니다.

키르케고르    고상한지 아닌지는 중요하지 않습니다. 당신은 지금 여기에 있죠. 절망에 관한 책을 쓴 철학자 바로 앞에.

시즈코    그건 그래요. 저는 무의식중에 이곳에 와버렸어요.

키르케고르    의식했든 의식하지 않았든 어쨌든 당신은 이곳
에 있어요. 무언가에서 벗어나기 위해 새로운 행동에
나섰습니다. 그게 중요한 겁니다.


## 스스로 창조해낸 자신으로 살아가기

키르케고르    그렇다면 시즈코 씨, 당신은 어떻게 살고 싶습
니까?

시즈코    방금 선생님의 말씀을 듣고 확실히 알았어요.
같은 곳을 빙글빙글 맴도는 일상에서 벗어나고 싶다는
걸요. 어떻게 하면 좋을까요?


키르케고르    글쎄요, 그건 스스로 생각해 봐야 할 문제입니
다. 제 나름의 힌트를 드리자면 '자기답게 사는 것'이
중요합니다.

시즈코    '자기답게'라니 무슨 뜻인가요?

키르케고르　'자기'란 정신으로서의 나 자신을 말합니다. 육체는 눈에 보이지만 정신은 눈에 보이지 않죠. '자기다운'에서의 '자기'는 눈에 보이지 않는 자신을 가리킵니다. 눈에 보이지 않아서 스스로 얼마든지 상상할 수 있고, 창조할 수 있죠.

자기답게 산다는 건 '창조한 자신으로 산다'는 말입니다. 당신에게 필요한 건 먼저 '인간이라는 존재의 정체는 정신이라는 걸 자각'하는 일입니다. 인간은 정신으로 이루어져 있고, 눈에 보이지 않는 부분이 인간의 중심이라고 해도 좋습니다. 눈에 보이지 않는 것은 스스로 만들어낼 수 있지요.

시즈코　스스로를 창조해내면 한곳에서 맴도는 상황에서 벗어날 수 있을까요?


키르케고르　네, 지금 당장이라도! 쳇바퀴에서 벗어난 자신을 만들면 됩니다. 누구의 손도 빌리지 않고 스스로 어떻게 살지 삶의 방식을 창조할 수 있습니다.

시즈코　'삶의 방식을 창조한다'고 쉽게 말씀하시는데, 대체 어떻게 하란 말이죠?

키르케고르    먼저 스스로 생각해 보세요.

시즈코    지금은 아무것도 생각할 수가 없어요. 10년이
나 회사에서 쳇바퀴 돌 듯 지내다 보니 생각하는 법을
잊어버렸습니다.


키르케고르    사고 정지 상태에 놓여 있는 거죠? 좋습니다.
오늘은 가르쳐 드리죠. 하지만 다음부터는 스스로 생각
하는 걸 잊지 마세요. 삶의 방식을 창조하려면 먼저 '다
가올 인생을 어떻게 살고 싶은지' 종이에 써 보세요.

시즈코    어떻게 살고 싶은가?


키르케고르    뭐든 좋습니다.

시즈코    불가능한 일이라도 괜찮을까요?


키르케고르    불가능한 일이요?

시즈코    멋진 배우가 된다거나 카리스마가 넘치는 인기
유튜버가 된다거나?


키르케고르    정말 그렇게 되고 싶나요?

시즈코        아니, 그냥 떠오른 생각이에요. 괜한 말을 했군요.

키르케고르    괜한 말이라뇨. 인생에 헛된 일은 하나도 없어요. 멋진 배우든 카리스마 넘치는 유튜버든 상관없습니다. 뭐든 좋으니 글로 써 주세요. 쓴 것을 직접 보고 생각해 보세요. 머릿속으로만 생각해서는 안 됩니다. 글로 쓰고, 말로 표현해서 구체적인 내용을 당신 안에서 끄집어내야 합니다. 어쨌든 자신을 표현해 보는 거예요. 자신을 창조하는 거죠. 진정한 자신을 만들 수 있는 건 자기밖에 없으니까요.

'배우가 되고 싶다'라고 썼다면 '정말로 되고 싶은가?' 스스로에게 물어봅니다. '그건 아니고'라고 생각했다면 다시 머릿속에 떠오른 걸 쓰세요. 몇 번 되풀이하다 보면 창조할 수 있을 거예요. 이거다, 싶은 게 종이 위에 떠오를 겁니다. 일단 써 보세요.

## '자기가 좋아하는 방식대로' 살아도 된다

시즈코　　　　저, 문제가 또 하나 있어요. 저는 어린 시절부터 스스로를 좋아하지 않았습니다.

키르케고르　　왜요?

시즈코　　　　예쁘지 않아서요.

키르케고르　　제가 보기에는 그렇지 않은데요.

시즈코　　　　저는 상처투성이로 태어났습니다. 어머니 배에서 나올 때 탯줄이 목에 감겨 있어서 집게로 겨우 빼냈어요. 그래서 군데군데 상처가 생겼고 피가 난 곳들을 여러 군데 꿰맸고요. 지금도 그때의 자국이 남아 있습니다. 몸에도, 얼굴에도 조금. 이런 모습을 보이고 싶지 않아서 남 앞에 나서고 싶지 않았습니다.

키르케고르　　그 기분 이해합니다. 보시다시피 저도 태어날 때부터 등이 굽었어요. 그래서 예전에는 고민을 많이 했죠. 하지만 이런 몸을 갖게 된 게 제 인생에 큰 도움이 됐습니다.

시즈코     도움이 됐다고요?

키르케고르     그렇습니다. 시즈코 씨에게 육체와 정신에 관해 쓴 제 일기를 조금 보여드리지요. 남한테 보여줄 만한 글은 아니지만…….

연약하고, 가냘프고, 나약하고, 육체적으로 거의 모든 면에서 다른 사람과 비교하면 완전한 인간으로 살 수 있는 조건을 박탈당했다. 마음이 괴롭고 우울하고 내적으로 불행했지만, 내게 주어진 건 단 한 가지뿐이었다. 그것은 뛰어난 민첩성이었고, 아마도 그건 내가 완전히 무방비 상태가 되지 않도록 하기 위해 존재했을 것이다. 소년이었을 때 나는 이미 내가 얼마나 민첩한지 알고 있었다. 그리고 그것이 강한 동료들과 대면했을 때 나의 힘이라는 것을 알았다.

_『사람과 사상 19 키르케고르 人と思想 19 キルケゴール』, 구도 야스오 지음, 시미즈서원

키르케고르     이런 일기도 있습니다.

아마도 나의 정신은 영혼과 육체 사이의

긴장 관계 때문에 비할 데 없는 긴장감을 느낄 것이다.

_『사람과 사상 19 키르케고르』

시즈코　　　선생님도 고생이 많았네요.

키르케고르　　네, 괴로웠습니다. 하지만 육체의 고통이 저의 정신에게 큰 힘을 주었습니다. 인생은 경쟁자가 없는 장애물 경주와 같습니다. 육체적인 문제는 속수무책이라 살아가면서 가장 먼저 돌파해야 하는 장애물입니다. 처음에는 넘어질 수도 있고, 넘어져서 다칠 수도 있죠. 하지만 한번 뛰어넘어 요령을 터득하면 별것 아닙니다. 외모는 개성이에요. 시즈코 씨, 겉모습이 어떻게 보이는지는 크게 문제 삼지 않아도 됩니다.

시즈코　　　정말 그럴까요?

키르케고르　　외모는 나이가 들면 누구나 변하기 마련입니다. 신경 쓰다 보면 끝도 없어요. 거기에 시간을 쓰는 건 제 생각에는 무의미해요.

시즈코 그렇게 말해도 신경이 쓰이는 걸 어떻게 하죠?

키르케고르 신체나 외모에 신경 쓰지 않는 방법이 있습니다. 한번 알아 두면 평생 도움이 되는 방법입니다.


시즈코 어떤 방법인가요?

키르케고르 생각을 바꾸는 겁니다. 당신이 좋아하는 방식대로 사는 겁니다.


시즈코 좋아하는 방식대로 말인가요?

키르케고르 맞아요. '나도 모르게 큰 소리로 말했더니 내 안의 무언가가 기뻐했다', '내가 한 말이나 생각에 다른 누구도 아닌 내가 감동했다'는 경험이 있지 않습니까? 아니면 다른 사람의 이야기를 듣고 마음속에 뿌리박힌 생각이 있다든가.

무심코 한 말이 자기 안에 뿌리박히는 건 스스로 생각했다는 증거입니다. 긍정적인 반응도 부정적인 반응도 자신이 깨닫고 생각하는 거죠. 그리고 자기가 좋을 대로 선택하면서 삶의 방식을 창조하는 겁니다.

# 쓰는 언어에 따라 보이는 세계가 달라진다

시즈코　　　제가 어떤 생각을 선택하게 되면 제 외모를 신경 쓰지 않게 될까요?

키르케고르　　　과거에 결정한 자신의 맥락context으로 스스로를 바라보면 외모가 신경 쓰이게 됩니다. 하지만 맥락을 바꾸면 신경 쓰지 않을 수 있어요. 예를 들어 당신에게 '나는 상처가 있어서 보기 흉해'라는 맥락이 있다면 '상처＝보기 흉하다'라고 해석하는 시선으로 자신을 바라보게 됩니다. 그 맥락을 바꾸는 거예요.

'탯줄이 감겨 있었다면 나는 태어나지 못했을 거야. 그때 생긴 상처는 내가 이 세상에 태어났다는 증거야. 그덕분에 지금까지 살 수 있었어'라고요. 자신이 좋아하는 맥락을 창작하는 게 '생각을 바꾼다'는 겁니다.

시즈코　　　와, 정말 맞는 말이에요. 멋진 해석이군요. 상처가 있어서 내가 태어날 수 있었다. 그렇게 생각하면 상처도 사랑스럽게 느껴져요. 그 생각, 마음에 드는걸요? '생각은 스스로 만들 수 있다.'

키르케고르    그렇습니다. 좋아하는 방식대로 살아갈 수 있
    습니다. 자신이 하는 말에 따라 보이는 세계까지 달라
    지고, 눈앞에 펼쳐진 세계가 다르게 보이는 거죠.
시즈코    그렇군요, 왠지 자신이 생겼어요!


## 타인이 신경 쓰인다면 마음속으로 눈을 돌려보자

키르케고르    한 가지 더 말씀드리겠습니다. 인간에게는 3단
    계의 삶의 방식이 있습니다.
    1단계는 '심미적 삶의 방식(관능적 삶의 방식)'. 내 마음에
    호소하는 것들에게 일일이 반응하는 삶의 방식입니다.
    외부 세계에 눈을 돌리고 일어나는 상황에 눈치를 보면
    서 생활한다고 해도 맞을 것입니다. 2단계는 '윤리적 삶
    의 방식'입니다. 내면에 눈을 돌리고, 자신 안에서 솟아
    나는 정의감과 윤리관을 바탕으로 행동하는 삶의 방식
    이죠. 3단계는 '종교적 삶의 방식'입니다. 이건 다음 기
    회에 설명드리겠습니다.
    당신은 지금까지 심미적인 삶을 살아왔어요. 외부 세

계, 즉 주변 사람들의 시선을 의식하면서 눈을 마주치지 않고, 눈에 띄지 않게 남들과 똑같은 행동을 하며 살아왔죠. 항상 다른 사람과의 관계 속에서 자신을 바라봐온 겁니다. 이제 슬슬 다음 단계로 넘어가면 어떨까요? 윤리적인 삶을 살아 보는 거예요. 외부 세계에 눈을 돌리지 말고 내부 세계, 즉 마음속으로 눈을 돌리는 겁니다.

시즈코　　　　마음속으로…… 말인가요?


키르케고르　　그렇습니다. 더 자세히 말하자면 자기 자신을 선택하는 겁니다. 시즈코 씨는 줄곧 자신을 방치해왔어요. 이제부터는 자신을 한 '개인個'으로 인정하고 선택해야 합니다.

시즈코　　　　자신을 개인으로 인정한다? 아니, 애초에 개인이란 무엇인가요?


키르케고르　　조금 어려운 표현이지만, 개인이란 '그 자체로서 모든 게 완벽한 당신'을 말합니다. 자신을 개인으로 인정하려면 말로 표현하는 일부터 시작해야 합니다.

‘나를 선택합니다’라고 말해 보세요.

시즈코      나를 선택합니다.


키르케고르      좋은데요. 언제든지 ‘자신을 선택’하세요. 자신
을 선택한다는 건 자기 이외의 다른 무언가를 선택하지
않는다는 뜻이 아닙니다. ‘자신을 선택하느냐’, ‘자신을
선택하지 않느냐’ 둘 중 하나를 선택한다는 말입니다.
‘자신을 선택하지 않는다’는 건 다시 말해 ‘자신을 잃는
다’는 뜻입니다. 바꿔 말하면 어떤 상황에서도 자신을
잃지 않는 것이 중요하다는 뜻이죠.

시즈코      감사합니다. 우선 ‘나는 앞으로 어떻게 살고 싶
은가?’를 글로 적어 볼게요. 그리고 어떤 상황에서도 자
신을 선택하겠습니다. 이제, 같은 곳을 빙글빙글 맴도
는 생활을 벗어날 수 있을 것 같아요!

그 후 시즈코 씨는 자기답게 살기로 마음먹고, 하고 싶은 일에 도전하기 위해 철학 공부를 시작했습니다. 회사도 그만두고 키르케고르 선생님 밑으로 들어가 자신을 표현하는 법을 익힌 뒤 지금은 사회자, 퍼실리테이터, 강사 등 사람들 앞에 나서는 일을 하고 있습니다.

이제 시즈코 씨는 스스로에게 자신감을 가지고 다른 사람들에게 힘을 북돋아 주는 일에 보람을 느끼며, 에너지 넘치게 지내고 있습니다. 지금은 한가하기는커녕 "시간이 부족해!"라고 외치며 살고 있습니다.

. . . . . . . . . . . . . . . . . . . . . . . . . . . . . . . . . . . . .

**키르케고르 선생님이 전하고 싶은 말②**

어떠한 순간에도 '자신'을 잃지 마세요!

# 실존의 3단계
## – '심미', '윤리', '종교'

**욕망대로 사는 '심미적 실존'**

키르케고르는 자신의 인생에 비추어 인간이 자기 본연의 모습에 눈을 뜨게 되는 과정을 '심미', '윤리', '종교'의 3단계로 나누었습니다.

1단계는 '심미적 실존(관능적 삶의 방식)'입니다. 눈에 보이는 것에 마음을 빼앗기고 마음 내키는 대로 '이것도, 저것도' 선택하려고 하는 삶의 방식입니다. 여기에는 다음과 같은 특징이 있습니다.

**1단계 심미적 실존**

- 미적·관능적·향락적·찰나적인 삶을 산다.

- 시적인 공상에 빠져 있다.

- 술이나 도박에 빠지는 등 욕망대로 산다.

- 시선의 방향이 환경(바깥쪽)을 향한다(자신에게는 적합하지 않은).

- '이것도, 저것도' 모두 선택하려고 한다.


키르케고르는 신학을 공부하기 위해 대학에 입학했지만, 앞서 말한 것처럼(42페이지 참조) 스무 살 전후부터 가족이 잇달아 세상을 떠나자 신학 공부를 포기했습니다. 철학이나 문학을 공부하는 한편, 카페나 극장에 드나들며 밤마다 술을 마시게 되죠. 1836년 5월(23세 정도)경에는 사창가에서 동정을 잃고, 이듬해에는 집을 나와 하숙 생활을 시작했습니다.

물론 놀다 보면 돈이 듭니다. 연극 감상이나 서적 구매, 식비, 옷값 등으로 돈을 낭비하다가 1836년 당시 우리 돈으로 1,800만여 원 이상의 빚을 졌습니다. 키르케고르라는 학생에게는 돈이 없었고, 그 돈을 낸 사람은 부유한 아버지 미카엘이었습니다.

　　　　　　　　　　　　　　키르케고르의 절망 수업

이 방탕한 생활은 1835년부터 1838년 초까지 계속됩니다.

## 양심에 따라 사는 '윤리적 실존'

심미적 삶은 오래 지속되지 않습니다. 그다음 단계에서는 자신의 내면을 들여다보고 양심에 따라 의무를 다하려고 합니다. 이를 '윤리적 실존(윤리적으로 사는 삶)'이라고 하는데, 예를 들어 곤란한 상황에 놓인 사람이 있으면 양심의 가책을 느끼고 도와주려고 합니다. 그러나 어려움에 처한 사람들의 수가 많아지면 전부 다 구할 수가 없습니다. 이처럼 의무를 다하지 못하면 윤리적인 삶의 방식도 벽에 부딪칩니다.

### 2단계 윤리적 실존

- 자신의 양심에 따라 의무를 다하려고 한다.
- 자신을 진정으로 알아가려고 한다.
- '이것이냐, 저것이냐'를 선택한다.

키르케고르는 1838년 아버지의 고백(43페이지 참조)을 듣고 본가로 돌아옵니다. 그해에 아버지가 세상을 뜨자, 향락

적인 생활과는 완전히 인연을 끊고 다시 신학도의 길을 걷
게 됩니다.

### 하늘의 소리에 귀 기울이는 '종교적 실존'

실존의 3단계, 즉 마지막 단계는 자신의 한계를 느끼고
하늘의 목소리(신의 목소리)에 의지하는 삶의 방식입니다. 키
르케고르는 이것을 '종교적 실존(종교적인 삶의 방식)'이라고
말했습니다.

'하늘의 목소리', '하느님의 목소리'를 자신이 믿는 대상
이라고 생각해도 좋습니다.

만약 자신을 믿는다면 스스로의 마음속 목소리에 기대어
살아야 합니다. 이것이야말로 자신의 본래 모습을 깨닫고 살
아가는 삶의 방식, 즉 실존의 최종 단계라고 할 수 있습니다.

# 3장

# 가능성의
# 절망 1

*S. Kierkegaard.*

"나에게 진리인 듯한 진리를 발견하고,

내가 그것을 위해 살고 또한 죽기를 바라는

이데아*를 발견해야 한다."

— 『사람과 사상 19 키르케고르』

* 이데아: 이념

**나오코 씨의 사례**

나오코 씨(45세)는 남편과 세 명의 아이, 다섯 식구가 함께 살고 있다. 최근 남편 때문에 고민이 많다.

· · · · · · · · · · · · · · · · · · · · · · · · · · · · · · · · · · · · · · · · ·

## 알코올 중독에 빠진 남편

나오코      남편이 알코올 중독이라 너무 힘이 듭니다.

키르케고르      안타깝지만 여기는 병원이나 중독 치료 시설이 아니에요. 제가 어떻게 도와드릴 수 있을까요?

나오코      그동안 여기저기 다 가봤어요. 남편이랑 같이 금주 세미나에도 가 보고 상담도 받아 보고, 물론 병원에 가서 입원 치료도 받아봤습니다. 잠깐은 술을 끊었었어요. 술만 안 먹으면 되게 착한 사람이거든요. 그런데 어느새 또 술독에 빠져버려요. 그게 되풀이돼요. 이래서는 일도 할 수 없고 약속도 지킬 수가 없어요. 이제 정말 어떻게 해야 좋을지 모르겠습니다.

키르케고르　　그럼 당신에게는 무엇이 문제입니까?

나오코　　남편이 알코올 중독이라 술을 마시면 남에게 폐를 끼쳐요.

키르케고르　　그건 남편분의 문제입니다. 술을 끊지 못하는 사람은 남편, 남에게 폐를 끼치는 사람도 남편이에요. 문제가 생겼을 때는 '누구의 문제인가?'를 구분해서 생각하는 게 중요합니다. 자, 그러면 당신에게는 무엇이 문제일까요?

나오코　　제가 할 수 있는 일은 다 해봤지만 남편을 어떻게도 할 수가 없다는 겁니다.

키르케고르　　당신이 남편을 어떻게 해야 하나요?

나오코　　남편이 이렇게 된 데 일부나마 책임이 있다는 생각이 들어서…….

키르케고르    알겠습니다. 전부 말씀해 보세요.


## "댁의 남편이 바람을 피우고 있어요"

나오코    저는 시골 온천지에서 태어났고, 술집을 운영하는 부모님의 외동딸로 금이야 옥이야 자랐습니다. 어릴 때부터 아버지는 "장래에는 집안을 물려주고 싶다. 할 수만 있다면 데릴사위를 얻고 싶구나"라고 제게 말했어요.

고등학교를 졸업한 뒤에는 고향을 떠나 부기 전문학교에 다녔습니다. 아버지가 강력하게 추천했거든요. 일본 무역부기 1급 자격을 따고 고향으로 돌아간 후에는 가업을 잇기 전에 다른 회사에 대해서도 알아 두는 편이 좋겠다고 생각해 아버지의 지인 회사에서 경리 일을 시작했습니다.

키르케고르    아버지가 시키는 대로 인생을 살았군요.


나오코    뭐, 그런 셈이죠. 그리고 스물다섯 살 때 고등학교 시절 한 살 아래였던 후배를 신랑으로 맞아 함께 가업을 이었습니다. 남편은 열심히 일했고 가업도 순조로웠습니다. 아이도 셋이나 낳았죠.

키르케고르     그림으로 그린 듯한 행복한 가정이군요.

나오코     네. 하지만 '길흉화복은 꼬인 새끼줄과 같다'는 말이 있다죠. 정말 그렇더군요. 불행의 시작은 제가 서른다섯 살 때, 어머니가 갑자기 돌아가시면서부터예요. 어머니를 잃고 슬퍼하는 저에게 친구가 요가를 권해 주었습니다. 이 요가에 푹 빠져서……. 강사를 따라다니기 시작하면서 집을 비우는 일이 많아졌어요. 한동안 그런 날들이 계속되었습니다.

키르케고르     그동안 가업은 주로 남편이 담당했나요?

나오코     네. 아버지가 아직 건강하셔서 남편과 함께 가업을 경영했는데, 그런 아버지도 제가 마흔다섯 살 때 돌아가셨습니다. 그리고 비극이 덮쳐 오기 시작했어요.

키르케고르     비극?

나오코        친구가 "네 남편이 바람을 피우고 있어"라고 알려 줬어요. 게다가 상대는 저도 잘 아는 고등학교 후배였죠. 그간의 남편은 말 그대로 성실하고 진지한 사람이었어서, 그야말로 청천벽력과 같은 일이었습니다.

키르케고르    그런데 그게 사실이었나요?

나오코        네. 2년 전부터 사귀고 있었다는 걸 알게 된 순간, 인생이 무너지는 것 같았어요. 그때 남편을 죽이고 싶은 충동이 들었습니다.

키르케고르    그래서 어떻게 했습니까?

나오코        남편을 죽이는 대신 그 여자 집에 쳐들어갔습니다.

키르케고르    난리가 났겠군요.

나오코        네. 그 자리에서 두 사람을 완전히 갈라놓았습니다. 그로부터 얼마 지나지 않아 이번에는 저희 가게 아르바이트생이 "요즘, 주인아저씨 분위기가 이상해요. 아침부터 술 냄새가 나요"라고 몰래 알려 주었습니다.

남편은 원래 술을 좋아해서 저녁 반주도 거르지 않았기 때문에 저는 전혀 눈치채지 못했어요. 하지만 오래전부터 몰래 가게 술에 손을 대고 있었던 것 같습니다.

저는 남편을 전혀 바라보고 있지 않았어요. 바람 피우는 것도 눈치채지 못했고, 아침부터 가게에서 술을 마시는 것도 눈치채지 못했죠. 나는 뭘 하고 있었던 걸까……. 정말이지 절망감에 젖어 하루하루를 보냈습니다.

## '가능성의 절망'의 특징

| | |
|---|---|
| 키르케고르 | 당신의 절망은 지금 시작된 게 아니에요. |
| 나오코 | 더 오래전부터 절망했다는 건가요? |

| | |
|---|---|
| 키르케고르 | 제 눈에 당신은 결혼하기 전부터 계속 절망의 씨앗을 뿌린 것처럼 보입니다. 그 절망에 이름을 붙인다면 자신의 가능성만 보는 '가능성의 절망'입니다. |
| 나오코 | 가능성의 절망? |

키르케고르    네. 가능성의 절망에는 다음과 같은 특징이 있

　습니다.

---

**'가능성의 절망'의 특징**

- 자신의 가능성만 본다.

- '나는 재능이 있고, 능력도 좋다'라고 생각한다.

- 현실의 자신을 보지 않는다.

- "하겠습니다", "할 수 있습니다"라고 말하지만 실제로 상
  대방이 원하는 일은 하지 않는다.

- 당장 주어진 일은 잘하지 못해도 자신에게 다른 능력이
  있을 거라고 생각한다.

- 목표를 너무 크게 설정한다.

- 현실에서 도피한다.

---

나오코    마음속에 짚이는 부분도, 그렇지 않은 부분도
있습니다. 저는 제 가능성만 보지는 않습니다.

키르케고르    겉으로는 그럴지도 모르죠. 하지만 마음속으로
는 자신의 가능성만을 좇고 있습니다.

나오코       무슨 말씀이세요?

키르케고르   데릴사위로 남편을 친정에 들였고, 아이를 셋
           이나 낳았죠.

나오코       네.

키르케고르   당신은 어머니가 돌아가시자 그 슬픔에서 도망
           치듯 요가에 매달렸습니다. 자기가 좋아하는 일만 하며
           걸핏하면 집을 비웠죠. 그동안 남편은 술집을 운영하고
           있었고요. 그러다 아버지가 돌아가시고 나서 겨우 집으
           로 눈을 돌렸더니 남편은 바람을 피우고 있었고, 설상
           가상으로 술독에 빠진 채였다는 겁니다.

나오코       그건 그렇지만…….

키르케고르   아버지는 가업을 이어 달라고 했지만 결국 당
           신 자신이 중심이 되어 가업을 잇지 않았습니다. 눈앞
           에 있는 현실을 외면하고 자신의 가능성만 좇았죠. "나
           는 더 잘 할 수 있을 거야"; "집에 틀어박혀 있는 타입은
           아니야"라고. 하지만 먼 곳만 보느라 결과적으로 발밑
           의 현실을 깨닫지 못했어요.

나오코　　　그래서 남편이 알코올 중독이 된 건 어느 정도 저에게도 책임이 있다고 생각합니다.

키르케고르　　　누구의 잘못이니 하는 이야기는 하지 않겠습니다. 문제를 해결할 때는 감정을 배제하고 사실에만 집중합시다.

## 자신의 인생을 스스로 선택하라

나오코　　　저는 이제 어떻게 해야 할까요?

키르케고르　　　아까 남편에 대해서 자신에게도 책임이 있다고 했죠? 그래요……. 힌트를 드리죠. 당신에게 책임이 있을지 없을지 저는 모릅니다. 다만 한 가지 확실하게 말할 수 있는 건 남편의 인생을 책임지기 전에 당신의 인생을 책임져야 한다는 겁니다. 그러기 위해서는 남편보다 먼저 자신에게 방향을 돌릴 필요가 있습니다.

나오코　　　자신에게 방향을 돌린다?

키르케고르　　　그렇습니다. 자신의 내면에게 질문하는 겁니다.

그때 도움이 될 만한 말을 알려드리죠.

나에게 진리인 듯한 진리를 발견하고, 내가 그것을 위해 살고
또한 죽기를 바라는 이데아를 발견해야 한다.

_「사람과 사상 19 키르케고르」

나오코　　무슨 뜻이죠?

키르케고르　　간단히 말하자면, 당신에게 필요한 건 '자신에
게 정말로 중요하다고 생각하는 것을 스스로 찾아내는
일'이라는 의미입니다.

당신은 지금까지 부모의 의견이나 회부 환경에 영향을
받으며 살아왔어요. 마치 그것이 진리인 양 의심 없이
부모가 깔아준 레일 위를 걸어왔죠. '아버지의 권유로
부기 전문학교를 나와 경리 일을 시작했다(부모의 의견)',
'외동딸로 태어나 친정에서 운영하는 술집을 이어받게
되었다(환경)', '사위가 되어 줄 사람을 골라 결혼했다
(부모의 의견＋환경)'……. 전부, 스스로 선택한 것이 아닙
니다.

나오코        제가 직접 선택한 일들이에요.

키르케고르      유감스럽게도 그건 착각이에요. 스스로 선택하지 않았습니다.

나오코        요가는 어때요? 직접 선택해서 푹 빠졌는데요.

키르케고르      정말로 당신이 요가를 선택했습니까? 제 눈에는 이렇게 보입니다. 어머니를 잃은 상실감과 가업에서 도망치고 싶은 마음에 우연히 친구가 추천한 요가를 시작했다고. 요가에 푹 빠졌을 때는 현실을 직시하지 않아도 됐어요. 그래서 계속한 거고요. 결코 당신이 스스로 선택한 게 아니에요.

나오코        알겠습니다. 제가 선택한 것이 아니라고 해도 주어진 환경에 순응하거나 다른 사람의 의견을 받아들이며 사는 게 나쁜 걸까요?

키르케고르      뭐가 좋고 나쁘다는 게 아니에요. 단지 당신이 자신을 선택하지 않았던 과거가 현재 당신의 인생과 연결되어 있다는 사실을 말하는 것뿐입니다.

나오코        …….

키르케고르     만약 당신이 인생을 바꾸고 싶다면 '뭔가를 선택하기 전에 먼저 자신을 선택하라'고 말하고 싶습니다. '나는 누구인가?'에 대한 대답을 스스로 창조하고 그 '누군가'를 표현하는 수단으로서 할 일을 선택하라는 말이에요. 알기 쉽게 예를 들어보겠습니다. '나는 활기차고 건강하게 살아가는 사람이다'라고 자신을 창조했다면 그 표현 수단으로 요가를 선택하는 식입니다.

과거에 일어난 일은 바꿀 수 없습니다. 과거에 일어난 일은 이미 끝났으니까요. 하지만 지금 이 순간부터는 자신의 인생을 스스로 선택할 수 있습니다. 이 순간부터 자기만의 삶을 시작할 수 있어요. 어떤 사람이 되고 싶은지, 어떻게 살고 싶은지, 스스로 상담하고 스스로 만들어낼 수 있습니다.

나오코     제가 할 수 있을까요? 이 나이에, 지금부터 자신의 인생을 스스로 만들 수 있다고요?

키르케고르     할 수 있습니다. 당신의 인생을 사세요.

나오코     마음이 조금 편해졌어요. 저, 남편과는 역시 이혼해야겠죠…….

키르케고르 거듭 말하지만, 당신이 어떻게 살고 싶은지를 결정한 후에 어떻게 할 것인지를 결정하는 겁니다. 당신은 절망을 체험했고 절망을 이해했어요. 그리고 스스로 선택해서 살아가는 삶이야말로 최고의 삶이라는 사실을 어렴풋이 깨닫기 시작했죠. 남편이 아니라 자기 자신과 먼저 이야기를 나눠보세요.

나오코 알겠습니다. 해 보겠습니다.

그 후 나오코 씨는 이혼을 결심하고, 가업인 술집도 접고, 혼자서 도쿄로 떠났습니다. 그리고 부기 1급 자격증을 살려 경리부장으로 취직해 지금은 자유롭고 즐겁게 제2의 인생을 살고 있습니다. 세 아이는 이미 독립했고 손자도 태어났습니다. 남편은 본가로 돌아가서 술을 끊고 다시 취직했다고 합니다.

모두가 저마다 행복한 길을 걷기 시작했습니다.

· · · · · · · · · · · · · · · · · · · · · · · · · · · · · · · · · · · · ·

### 키르케고르 선생님이 전하고 싶은 말 ③

자신에게 정말 중요하다고 생각하는 것을 스스로 찾아라!

키르케고르의 절망 수업

# 키르케고르 평생의 연인 레기네

### 9살 연하의 레기네에게 첫눈에 반하다

키르케고르의 사상에 큰 영향을 준 사람은 앞서 언급한 아버지만이 아닙니다. 레기네 올센도 그중 한 명입니다. 레기네의 아버지는 지금으로 말하면 재무장관이나 중앙은행 총재로 일하던 테르킬드 올센이었고. 레기네는 그의 막내딸로 사랑스러운 미모의 소유자였습니다.

두 사람이 처음 만난 것은 1837년 5월 코펜하겐 근교의 한 집에서 열린 파티에서였습니다. 24살이던 키르케고르는 9살 연하의 레기네에게 첫눈에 반했습니다. 그러나 당시 키르케고르는 다소 불안정한 생활을 겪고 있었고 신학 시험에 몰두하고 있었기 때문에 사랑이 이루어지지 않았습니다. 다만 레기네에 대한 애정은 변하지 않았습니다. 1839년 2월 2일의 일기에는 "레기네여, 내 마음의 여왕이여"라고 적혀 있습니다.

한편 레기네는 가정교사였던 슐레겔에게도 마음이 끌렸습니다. 레기네의 아버지 테르킬드는 결혼을 전제로 슐레겔과의 교제를 허락했습니다. 하지만 키르케고르는 포기하지 않았습니다.

1840년 7월 신학 시험을 우수한 성적으로 통과하자 그는 레기네에게 적극적으로 다가가기 시작했습니다. 당시 키르케고르는 2년 전에 세상을 떠난 아버지의 유산을 상속받아 상당한 자산을 가지고 있었습니다. 게다가 사교적인 재능도 갖추고 있어 올센가에 손님으로 드나들게 되면서 딸과 아버지 양쪽의 마음을 사로잡았습니다.

같은 해 9월 8일 키르케고르는 레기네에게 청혼했고, 이틀 후에는 승낙을 얻어 약혼이 성립되었습니다. 당시 키르케고르는 27세, 레기네는 18세였습니다.

## 청혼을 하고 스스로 파혼하다

이후 키르케고르는 레기네의 집을 자주 방문하며 친밀한 시간을 보냈습니다. 하지만 이 행복은 오래가지 않았습니다. 키르케고르는 레기네를 사랑하면 할수록 '나는 그녀의 결혼 상대로 적합한가?'라는 고민을 하게 되었습니다. 키르케고르는 당시의 일기에 다음과 같이 적었습니다.

"약혼 다음 날, 나는 내가 실수를 저질렀다는 걸 깨달았다. 후회하는 나, 나의 이력, 나의 우울, 그것만으로도 충분했다. 나는 그 무렵, 글로 표현할 수 없을 만큼 괴로웠다."

"내가 후회하는 일이 없었더라면, 과거의 이력이 없었더라면, 우울하지 않았더라면, 그녀와의 결합은 일찍이 꿈도 꾸지 못했을 정도로 나를 행복하게 해 주었을 것이다. 그러나 슬프게도 나 자신이 변하지 않는 한, 나는 그녀와 함께 있는 행복보다는 그녀가 없는 나의 불행 속에 있었을 때, 더 행복했다고 말하지 않을 수 없었다."(『사람과 사상 19 키르케고르』)

키르케고르가 레기네와의 약혼을 고민한 이유는 크게 다음의 세 가지로 생각할 수 있습니다.

첫 번째로 그가 죽음을 예감하며 살았다는 점입니다. 아버지가 저지른 죄로 인해 일곱 명의 형제 중 장남과 자신 이

외에는 33세(그리스도가 십자가에 못 박혔다고 추정되는 나이)를 넘지 못하고 죽었습니다. 지금 27세인 자신도 33세까지 살 수 있을지 모르겠거니와, 큰형의 아내, 즉 형수도 결혼 9개월 만에 사망했습니다. 자신들 가족에게 내려진 저주를 사랑하는 레기네까지 짊어지게 할 수는 없었습니다. 키르케고르가 그렇게 생각한 것도 무리는 아닙니다.

두 번째는 자신의 성격입니다. 키르케고르는 쾌활하고 사교적인 면을 보이는 한편, 내면에는 아버지를 닮은 우울한 성격도 있었습니다. 레기네가 알 수 없는 어둠을 품고 있었고 결혼을 한다면 그 어둠을 계속 숨길 수는 없었습니다.

세 번째는 그가 레기네의 신앙심을 높이 끌어올리지 못했다는 점입니다. 키르케고르는 신학 시험에 합격하는 등 독실한 기독교 신자였습니다. '사랑하는 여성에게 자신과 같은 신앙심을 갖게 하고 싶다.' 그에게는 이런 바람이 있었지만 이루어지지 않았습니다.

키르케고르는 레기네와의 약혼을 일방적으로 파기합니다. 약혼 11개월 후인 1841년 8월, 그는 약혼반지를 레기네에게 돌려보냈죠. 짧은 편지를 썼지만 이유는 쓰지 않았습니다. 레기네와 그녀의 가족은 당연히 납득할 수 없습니다. 키르케고르에게 파혼을 취소하라고 요구했지만 그의 결심은 변하지 않았습니다.

## 그가 글을 쓰는 에너지의 원천

그러나 (이것이 키르케고르의 개성적인 부분입니다만) 키르케고르가 레기네를 싫어하게 된 것은 아닙니다. 그는 그녀를 더 깊이 사랑하고 싶어서 이별을 선택했습니다.

1843년에 발표한 첫 작품 『이것이냐 저것이냐Enten-Eller』에 수록된 소설 「유혹자의 일기」에는 '그녀를 밀어내기 위해, 그녀를 향해 썼다'라고 적혀 있습니다. 이외에도 레기네의 관심을 계속 끌기 위해 많은 작품을 세상에 내놓았습니다. 키르케고르가 목사의 길 대신 작가의 길을 선택한 가장 큰 요인이 레기네였다고 해석하는 연구자도 있습니다.

레기네는 키르케고르와의 약혼이 깨지자 원래 교제하던 슐레겔과 결혼했습니다. 그러나 키르케고르의 레기네에 대한 사랑은 변하지 않아서 "내가 죽은 뒤 남은 재산은 레기네 슐레겔 부인에게 상속해 달라"는 유언을 남겼습니다. 키르케고르는 1855년 길에서 쓰러져서 병원에 실려 가 입원했고, 40일 후 병실에서 숨을 거두었습니다.

# 4장

# 필연성의
# 절망 1

"죽음에 이르는 병이란

바로 절망이다."

— 『죽음에 이르는 병』

쇠렌 키르케고르 지음. 스즈키 요스케 번역, 고단샤

**미유키 씨의 사례**

미유키 씨(55세)는 회사원으로 남편과 둘이 살고 있다.
이웃에는 친어머니가 혼자 계신다.

## '정신의 죽음'이야말로 진정한 죽음

미유키       인생이 절망적이에요. 모든 게 싫어져서 괴롭

고 때때로 죽고 싶습니다.

키르케고르   죽고 싶다고요? 자살하고 싶다는 뜻인가요?

미유키       네, 하지만 막상 닥치면 너무 무서워서 자살할

수는 없어요.

키르케고르   확인 차원에서 묻겠는데 당신이 말하는 '죽음'

은 육신의 죽음인가요?

미유키 　　　보통은 그렇죠.

키르케고르 　　　물론 육체는 죽음을 맞습니다. 사람들은 육신의 죽음을 두려워하기도 하고, 괴로울 때는 육신의 죽음을 택하고 싶어지기도 하죠. 하지만 생각해 보세요. 육신이 사라지면 고통이 끝날까요?

미유키 　　　육신이 죽어도 고통은 계속된다는 말인가요?

키르케고르 　　　글쎄요, 그건 잘 모르겠습니다. 하지만 지속되지 않을 거라고 장담할 수도 없습니다. 그러면 정신은 영원하다고 말하면 어떨까요? 저는 육신의 죽음이 아니라 '정신의 죽음'이야말로 인간에게, 또 개인에게 큰 문제라고 생각합니다.

미유키 　　　정신의 죽음이요?

키르케고르 　　　인간이란 존재를 말할 때, 근본은 육체가 아닌 정신입니다. 정신의 죽음이야말로 진정한 죽음이죠. 진실로 두려워해야 할 것은 육신의 죽음이 아니라 정신의 죽음입니다.

## '자신을 잃는 것'이야말로 진정한 절망

미유키      잠깐만요. 육신의 죽음을 두려워하지 않는 사람이 있을까요?

키르케고르      예를 들어 아이를 사랑하는 부모는 '이 아이를 잃느니 차라리 내가 죽는 게 낫다', '목숨을 바쳐서라도 이 아이를 지키고 싶다'라고 생각합니다. 이 경우 육신의 죽음에 대한 두려움은 사라집니다.

이는 우리에게 어떤 진실을 말해줍니다. 만약 육신의 죽음에 대한 공포를 극복하고 싶다면 '육신의 죽음에 대한 공포(육신을 잃는 공포)' 이상으로 잃어버리는 게 두려운 존재를 목표로 설정하라는 뜻입니다. 그만큼 높은 목표를 갖는 거죠. 그러면 그보다 낮은 목표를 잃는 걸 두려워하지 않게 됩니다.

미유키      이런 건가요? 술을 좋아하는 사람이 술을 끊는 슬픔을 극복하려고 한다면, 술보다 더 중요한 대상을 찾으라는 말인가요?

키르케고르      ……비슷하다고 하면, 비슷합니다. 절대로 잃어서는 안 되는 높은 목표를 잃는 것은 자기 자신을 잃는 것과 같아요. 자기 상실이야말로 절망적이죠. 이 절망이 바로 '죽음에 이르는 병'입니다.

미유키    이해가 잘 안 되는데, 자아를 되찾으려면 어떻게 해야 할까요? 정신적 절망에서 벗어나려면 어떻게 해야 합니까?

키르케고르    우선 자기 내면에 있는 절망을 바라봐야 합니다. 자, 자신을 바라보고, 당신의 절망을 이야기해 보세요.


## 절망의 대부분은 가족관계가 원인

미유키    일이 너무 바빠서 통근하는 도중에 다 포기하고 기차에 뛰어들고 싶어질 때가 있습니다. 이게 저의 절망입니다.

키르케고르    '일이 바쁘다'는 게 절망하는 이유인가요?

미유키         네.

키르케고르     왜 일이 바쁜데 절망하는 거죠?


미유키         엄마의 전화를 받기가 어려워져서인가…….

키르케고르     일하는 도중에 어머님에게 전화가 옵니까?


미유키         네, 이래 봬도 제가 효녀거든요(웃음). 엄마는 나이가 여든이 넘어 남편, 그러니까 아버지를 잃고 혼자 살게 되었습니다. 저는 외동딸이라 엄마가 의지할 수 있는 사람은 저밖에 없어요. 그래서 자주 연락해서 "지금 이것도 하고 저것도 하는 중이야"라고 말합니다. 그런데 일이 바쁘면 전화를 받기가 힘들어요.

키르케고르     안 받으면 되잖아요.


미유키         세상에! 안 받는다니 말도 안 돼요. 불쌍하고, 걱정돼서 부모님의 전화는 무조건 받아야 한다고 생각해요. 엄마와 통화할 때는 제가 먼저 끊지도 않아요. 엄마가 끊은 걸 확인한 후에 끊습니다.

키르케고르     그렇군요. 당신의 절망감은 바쁜 일 때문이 아니라 오히려 어머니와의 관계에서 비롯된 것 같습니다.

미유키    엄마와의 관계요?

키르케고르    절망은 대부분 자기 자신과 무언가와의 관계에서 발생합니다. 대체로 원인은 자기와 타인의 관계, 즉 인간관계이며, 이 인간관계의 고민은 대다수 가족과의 관계에서 비롯됩니다. 즉 절망은 대부분 가족과의 관계에서 생겨난다고 할 수 있는데, 당신의 경우는 어머니와의 관계에서 비롯된다고 할 수 있습니다.


## 인간은 과거를 끄집어내며 살아간다

키르케고르    어머님을 사랑하나요?

미유키    물론 사랑합니다. 하지만 가끔은 귀찮게 느껴질 때가 있어요. "오늘은 누구를 만났어?", "뭐 했어?" 하고 감시하는 느낌으로 꼬치꼬치 캐묻습니다. "○○ 씨 만났어"라고 대답하면 "엄마보다 그 사람이 더 중요해?"라고 몰아붙이는데 이런 질문을 받아도 대답할 방법이 없고……. 그럴 때는 아무래도 싫죠. 전화를 끊고 나서야 정신을 차리고 '받지 말걸', '다르게 말했어야 했는데'라고 생각합니다.

키르케고르　　　그런 반성은 아무런 도움이 되지 않아요. 오히려 상처만 깊어지고 정신적으로 힘들게 만들 뿐입니다. 왜냐하면 반성은 '과거를 반추(반복해서 음미하는)하는 상태'이기 때문입니다. 해석(과거 자신의 행위에 대한 후회)에 해석을 덧칠하게 되고, 그 결과 자신을 점점 부정적으로 생각하게 됩니다. 계속 이야기해 보세요.

미유키　　　예전에 한번 엄마의 전화를 제가 먼저 끊은 적이 있습니다. 그때 왠지 겁이 나서 몸이 덜덜 떨렸는데, 지금도 왜 그랬는지 모르겠어요.

키르케고르　　　이유는 명백합니다. '과거의 자신'과 이야기를 나누었기 때문입니다. 전화를 끊은 순간, 그런 일을 저지른 과거의 나를 머릿속으로 되새겼던 거죠.

미유키　　　과거의 나?

키르케고르    네. 부모님과의 전화를 먼저 끊어버리고 공포심을 느낀 이유는 당신 안에서 '지금'이 과거가 되었기 때문입니다.

미유키    지금이 과거가 된다고요? 무슨 뜻인지 모르겠어요.

키르케고르    어찌 보면 단순한 이야기입니다. 많은 사람이 추억을 되새기며 살아갑니다.

미유키    추억이요?

키르케고르    바꿔 말하면 과거의 기억을 몇 번이고 끄집어내며 살고 있다는 뜻이지요.

## 부모를 거절해도 괜찮다

키르케고르    어릴 때 당신이 어머님 말을 잘 들으면 어머님은 상냥하게 대해 줬겠죠. 반대로 말을 듣지 않으면 야단을 치거나 차갑게 대했을 겁니다. 아닌가요?

미유키    네, 하지만 대부분의 집들이 그렇잖아요.

키르케고르    인간의 아이는 태어나서 어느 정도 성장할 때까지는 부모(혹은 '키워 주는 사람')가 없으면 살아갈 수 없습니다. 따라서 부모에게 미움을 받는 건 생존에 치명적이에요. 그게 무서워서 미움받지 않으려고 말을 잘 들었을 거예요. 아닌가요?

미유키    기억은 잘 안 납니다. 하지만 듣고 보니 무의식적으로 미움받지 않으려고 했는지도 몰라요.

키르케고르    어릴 적 부모와의 기억은 무의식 속에 깊이 각인되어 있습니다. 어린 시절의 감정이지 지금의 감정은 아닐 텐데도 부모님을 만나면 그 순간 그때의 감정이 되살아나게 됩니다.

미유키    왜 그렇게 되는 거죠?

키르케고르    부모님에게 위협받은 기억이 떠올라 머릿속이 과거로 돌아갑니다. 뇌가 순간적으로 반응해서 '현재가 다시 과거'가 되어버리는 거예요. 부모와의 사이에 무슨 일이 일어나면 무의식적으로 '미움받고 싶지 않다'는 과거의 기억이 고개를 드러냅니다. 몸의 반응이 '생존 위기입니다!'라고 뇌세포에 지령을 내리는 겁니다. 그래서 '노NO'라고 말할 수 없는 거고요.

미유키      그래서 부모님에게 전화가 오면 원치 않아도 과거의 자신이 되어버린다는 말이죠?

키르케고르      그게 바로 당신의 절망의 원인입니다.


## 행복해지려면 '살고 싶은 인생'을 창조하자

미유키      이 절망을 해결하기 위해서는 어떻게 해야 할까요?

키르케고르      당신이 직접 생각해야 합니다. 스스로 묻고, 스스로의 책임하에 답을 내놔야 합니다.


미유키      그런…….

키르케고르      힌트를 하나 드리죠. 과거에 연연하지 말고 '지금'을 살아라.


미유키      지금을 산다?

키르케고르      그래요. 다음과 같은 말을 해 주고 싶습니다.

> 반복과 추억은 같은 운동이다, 단지 방향이 반대라는 차이만 있을 뿐이다. 즉 추억하는 대상은 이미 존재했던 것으로 추억은 과거를 향하는 반면, 진정한 반복은 앞으로 추억이 될 미래의 대상을 되새기는 것이다. 그러므로 반복은 사람을 행복하게 하지만 추억은 사람을 불행하게 한다.
>
> __『반복Gjentagelsen』__
> **쇠렌 키르케고르 지음, 마스다 게이사부로 번역, 이와나미서점**

미유키      어려워요! 무슨 뜻이죠?!

키르케고르      간단히 말하면 이런 겁니다. 과거의 기억을 몇 번이고 반복해 꺼내 보면서 살아가는 일은 사람을 불행하게 만듭니다. 하지만 자신의 눈앞에 '되고 싶은 인생'을 창조하면서 살아가면 인간은 행복해질 수 있습니다. 당신처럼 과거에 지배당하며 사는 사람들이 많습니다. 어린 시절의 부모와 자식 관계에 얽매인 사람이 당신만이 아니에요. 저도 그중 한 명입니다. 절대로 자신을 탓하지 마세요.

## '필연성의 절망'의 특징

미유키      사실, 또 다른 문제가 있습니다.

키르케고르    말해 보세요.


미유키      남편에게도 아주 지쳤어요. 남편은 성미가 급
하고 금방 짜증을 내는 데다 불만은 또 얼마나 많은지.
그래서 "왜 그렇게 짜증을 내는 거야!" 하고 저도 욱해
서 말다툼을 하게 됩니다.

키르케고르    절망에는 네 종류가 있어요. 당신은 '필연성의
절망'의 전형이군요.


미유키      필연성의 절망? 그게 뭐죠?

키르케고르    필연성의 절망에는 다음과 같은 특징이 있습
니다.

---

**'필연성의 절망'의 특징**

- '마땅히 그래야 하는 자신'을 잃어버린 상태에 놓여 있다.

- 눈앞에서 벌어진 일이 '일어나야 해서 일어났다(필연적으로 일어났다)'고 생각한다.
- '뭘 해도 소용없어', '어차피 나 같은 건 안 돼' 하고 체념한다.
- '나는 이런 운명이었던 거야' 하고 멋대로 운명을 단정 짓는다.
- 지금의 현실에 매달린 채 벗어나려 하지 않는다.

미유키 　　　'뭘 해도 소용없어' 하고 포기하는 건 맞습니다.

키르케고르 　그 원인이 남편에게 있습니까?

미유키 　　　……

키르케고르 　당신이 지친 이유가 진정 남편 때문일까요?

미유키 　　　그게 무슨 뜻이죠? 무슨 말인지 종잡을 수가 없네요.

키르케고르 　당신은 자기 자신에게서 도망치고 있어요. 아닌가요?

미유키      저는 도망치지도 숨지도 않았습니다.

키르케고르   당신은 "일하고 있는데 엄마가 전화해서 힘들어"라고 어머님 탓을 합니다. "남편이 짜증을 내서 꼴보기 싫어"하고 남편 탓을 하고요.


미유키      왜냐하면 사실이니까요.

키르케고르   사람들은 문제가 생겼을 때 그 원인을 자신의 외부에서 찾으려고 합니다. '누가 이렇게 말해서', '누군가가 ○○을 해서'라고요. 그 마음은 이해합니다. 그런다고 문제가 해결되지는 않아요. 인간관계에 고민이 있을 때는 시선의 방향을 180도 회전시켜서 상대가 아닌 자신을 향하게 하고 응시해야 해요. 그러면 가장 짧은 시간 안에 문제를 해결할 수 있습니다.


미유키      자신을 응시한다?

키르케고르   자신을 응시하고 '마땅히 그래야 하는 자신'이 되세요.


미유키      마땅히 그래야 하는 자신이라고요?

키르케고르　　　알기 쉽게 말하자면 '되고 싶은 자신'입니다.

---

**절망의 정의 3**　'마땅히 그래야 하는 자신(이상적인 자신, 되고 싶은 자신)'과 '지금의 자신'과의 차이를 느낀다.

---

키르케고르　　　이 차이를 메울 수 있다면 절망에서 벗어날 수 있습니다. 그러니 우선 '되고 싶은 자신'을 상상해 보세요. 당신은 어떤 사람이 되고 싶나요? 어떤 미유키가 되고 싶어요?

미유키　　　엄마가 하는 말에 휘둘리지 않는 나?

키르케고르　　　좋아요, 다른 건요?

미유키　　　남편이 짜증을 내도 신경 쓰지 않는 나?

키르케고르　　　오케이! 아주 좋아요. 자신에게 시선을 돌리고 나서 자신이 어떤 사람이 되고 싶은지 알았어요. 다음에는 되고 싶은 자신이 되기 위해 어떻게 행동하면 좋을지 생각해 보세요.

| | |
|---|---|
| 미유키 | 어떻게 행동할지 생각하라고요? |
| 키르케고르 | 어머님이 하는 말에 휘둘리지 않는 나, 이런 사람이 되려면 무엇을 해야 할까요? |

| | |
|---|---|
| 미유키 | 일 때문에 바쁠 때는 어머니의 전화를 받지 않는다. |
| 키르케고르 | 할 수 있겠어요? |

| | |
|---|---|
| 미유키 | 아니, 무리일지도 몰라요……. |
| 키르케고르 | 작은 일이라도 상관없습니다. 오히려 작을수록 더 좋아요. 자신이 되고 싶은 사람이 되기 위해 내딛을 수 있는 첫걸음을 생각해 보세요. |

| | |
|---|---|
| 미유키 | 휴대전화를 무음으로 설정하는 거? 그러면 전화가 와도 바로 받지 않아도 되니, 다시 걸어야 될 때만 걸면 돼요. 이 정도는 할 수 있을 것 같아요. |
| 키르케고르 | 일단 그렇게 해 보세요. 남편과의 관계는 어떻게 할 생각이에요? |

키르케고르의 절망 수업

미유키　　　남편이 짜증을 내면 그 자리를 떠난다.

키르케고르　　　좋은 생각입니다. 남편이 짜증 내는 건 당신의 문제가 아니라 남편의 문제입니다. 남편이 짜증을 내기 시작했는데 그 자리를 떠날 수 없다면?

미유키　　　신경 쓰지 않을래요.

키르케고르　　　그래요, 당신과는 상관없는 일이니까 신경을 끄면 됩니다. 당신은 언제나 선택할 수 있어요. 지금 있는 곳에 계속 있을 수도 있고, 되고 싶은 어떤 사람이 될 수도 있죠. 지금 절망하고 있다면, 현재가 괴롭다면 '앞으로 어떻게 되고 싶은가?', '진정 바라는 소망은 무엇인가?'를 생각해 봐야 해요. 도망치지 말고 그것이 무엇인지 밝히는 게 중요합니다. 상대방의 결점에 시선을 줘 봤자 사태는 호전되지 않아요. 문제를 해결할 해답은 당신 안에 있습니다.

미유키　　　어쩐지 희망이 보이는 것 같아요.

키르케고르　　　좋아요. 한번 해 보세요.

그 후 미유키 씨는 어머님과 의논하여 혼자 사는 어머님을 시설에 보내기로 결정했습니다. 지금은 미유키 씨도 어머님도 평온한 생활을 보내고 있습니다. 미유키 씨는 회사를 그만두고 독립해 책을 편집했던 경력을 살려 대학과 문화센터 등에서 강사로 일하고 있습니다. 또 NPO에서 키르케고르 선생님과 함께 아이들을 가르치는 교육 활동도 펼치고 있습니다.

· · · · · · · · · · · · · · · · · · · · · · · · · · · · · · · · · · · · · · · ·

### 키르케고르 선생님이 전하고 싶은 말④

과거에 연연하지 말고 '지금'을 살아라!

# 각자의 진리를 추구한
# 헤겔 대 키르케고르

## 헤겔의 '변증법'과 진테제

키르케고르는 독일 철학자 헤겔(게오르크 빌헬름 프리드리히 헤겔, 1770~1831)의 존재를 넘어서서 자신의 사상을 만들었다고 합니다. 키르케고르에게 영향을 준 헤겔의 사상부터 살펴봅시다. 헤겔은 19세기를 대표하는 철학자로 변증법을 확립한 사람으로 유명합니다.

> **변증법** '대립 또는 모순된 두 가지 사안을 합하면 높은 차원의 결론에 도달한다'는 이론을 말한다.

알기 쉽게 말하자면, '어떤 주장 A와 그에 대립하는(모순되는) 주장 B를, 어느 쪽의 주장도 버리지 않고 아울러 보다 높은 차원의 결론으로 이끌어내는 것'입니다.

가정에서 흔히 볼 수 있는 예를 들어보겠습니다. 아이가 "게임이 재미있으니 게임을 하고 싶다(주장 A)"고 말합니다. 엄마가 "게임만 하면 공부를 안 하니까 그만하라(주장 B)"고 반대합니다. 전자의 '게임은 재미있으니 게임을 하고 싶다'는 긍정적인 사고방식을 변증법에서는 '테제'라고 합니다. 후자인 '그만하라'는 전자와 대립하는 부정적인 사고방식으로 '안티테제'라고 합니다.

이 대립되는 두 가지 주장을 어떻게 하면 어느 쪽도 버리지 않고 해결할 수 있을까요? 예를 들어 '학습 요소가 가미된 가정용 게임을 한다'는 결론을 생각해낼 수 있습니다. 이 둘을 합친 결론을 '진테제'라고 합니다.

여기까지 정리하면 테제these + 안티테제antithese = 진테제synthese가 된다는 사실을 알 수 있습니다.

---

테제        어떤 주장

안티테제　'어떤 주장'을 반대하는 주장

진테제　　상반된 주장들을 보다 높은 개념 속에 도입하여
　　　　　통합한 주장

세상 어느 곳이든 상품 개발 분야의 경우, 이 변증법 개념이 깊숙이 침투해 있습니다.

'소고기를 먹고 싶다(테제)'

'동물성 단백질(소고기)을 너무 많이 먹으면 몸에 좋지 않다(안티테제)'.

이 상반된 주장을 어떻게 해결할 것인가?

'대두(식물성 단백질)로 고기를 만듭시다!(진테제)'라는 결론이 나오는 식입니다. 사람들은 잘된 일(테제)만이 성취라고 여기기 십상입니다. 아무런 장애도 없이 그저 앞으로 쭉 나아갈 수 있다면 목표에 도달할 수 있다고 생각합니다.

그리고 잘 되지 않은 일(안티테제)은 눈을 감거나 없는 셈 치기도 합니다. 하지만 이는 착각입니다. 잘 되지 않은 일도 큰 도약의 씨앗이 될 가능성이 있습니다.

꿈을 향해 나아가는 도중 주위에서 반대 의견이 나올 수 있습니다. 그럴 때 포기하거나 귀를 막지 말고 잘 들어 봅시다.

그로 인해 생각지도 못한 진전을 이루기도 합니다.

변증법은 인간이 도약할 수 있게 해 주는 중요한 개념 중 하나입니다. 뭔가를 버리지 말고 '이것도, 저것도(둘 다)' 조화시켜 한 단계 위로 올라갑니다. 이를 철학 용어로 지양止揚 또는 아우프헤벤Aufheben이라고 합니다.

---

지양(아우프헤벤) 두 개의 모순된 개념이 조화를 이뤄 한 단계 높이 나아가는 것을 말한다.

---

즉, 테제와 안티테제를 지양하면 진테제가 됩니다.

### 헤겔을 부정하고 실존주의를 주창한 키르케고르

헤겔은 변증법을 통해 "세상은 나선을 그리듯이 새로운 형태로 역사를 반복하며 전체적으로 진보해 나간다"고 주장했습니다. A+B를 통해 C라는 높은 차원의 결론이 나옵니다. 이어서 C+D를 함으로써 한층 더 높은 차원의 E라는 결론이 나옵니다. 이렇게 점점 지양함으로써 사회는 진보해 나갑니다. 그리하여 언젠가 세계는 진정한 진리에 도달한다고 여겼습니다.

헤겔은 개인의 문제, 사회 전체의 문제를 변증법으로 사고한 철학자였습니다. 키르케고르도 처음에는 헤겔의 변증법에 영향을 받았습니다. 하지만 결국에는 비판하게 되면서 다음과 같이 주장합니다.

"헤겔처럼 '이것도, 저것도' 다 취하려고 욕심을 부리면 아무것도 알 수 없게 된다. 인간은 개인으로서 '이것이냐, 저것이냐'를 선택해야 한다."

"세상의 진리(객관적 진리, 누구에게나 해당되는 보편적 진리)를 아무리 생각해 봐도 나라는 개인에게는 아무런 도움이 되지 않는다."

"전 세계가 발전해도 개개인이 불행해서는 아무 의미가 없다."

"각자의 삶에 있어서 보람을 주는 이념이나 살아가는 목적이 (사회보다) 더 중요하다. 사회 전체의 진보를 우선하기보다 주체적인 진리(한 사람, 한 사람에게 있어서의 진리)를 추구하며 살아가는 것이 중요하다."

지금 여기에 자신이 있다는 것, '존재'를 우선적으로 생각해야 한다는 뜻입니다. 이것이 바로 '실존주의'의 시작입니다.

## 실존주의가 탄생한 배경

실존주의란 '지금 여기에 있는 현실 존재(실존)로서의 한 인간인 자신의 존재 방식'을 우선시하는 사상으로 19~20세기 유럽에서 탄생했습니다.

당시 유럽은 산업 혁명이 일어나고 자본주의가 발전하던 시대였습니다. 사회는 고도로 조직화되어, 한 사람 한 사람이 톱니바퀴와 같은 취급을 받으면서 획일화·평균화되어 있었습니다. 이러한 사회 속에서 인간이 주체성을 잃어버렸다고 여긴 이들이 키르케고르를 비롯한 실존주의 철학자들이었습니다.

| 헤겔 | 키르케고르 |
|---|---|
| 이것도 저것도, 다 취하려는 사상 | 이것이냐 저것이냐 |
| 아우프헤벤:<br>A도 B도 포함한 C | 선택:<br>스스로 선택하라 |
| 전체의 수평화 | 단독자 개성화 |
| 존재는 추상적이면서<br>일반적인 개념(세계) | 나라는 개인의 존재를<br>중요하게 여긴다 |
| 개인은 전체의 일부 | 개인은 무엇과도 바꿀 수 없다 |

그들은 인간이 주체성을 회복하고 진실한 자아를 발견하기 위해서 어떻게 해야 하는지를 탐구했습니다. 실존주의 사상가로 키르케고르 외에도 대표적인 인물로 니체, 야스퍼스, 하이데거, 사르트르 등이 있습니다.

# 5장

# 무한성의
# 절망 2

_S. Kierkegaard._

"인생은 오직 뒤를 돌아볼 때만 이해할 수 있다.

하지만 우리는 앞을 보며 살아가는 수밖에 없다."

— 『위대한 말 실천적 명언 323선 すごい言葉 実践的の名句323選』

　　하레야마 요이치 지음, 문예춘추

**가즈에 씨의 사례**

가즈에 씨(46세)는 독신.
친구들을 모아서 가상화폐 투자 그룹을 만들었는데…….

. . . . . . . . . . . . . . . . . . . . . . . . . . . . . . . . . . . . . . . . .

# 갑자기 연락이 두절된 투자처

가즈에        저는 이제 어떻게 해야 할까요?

키르케고르    밑도 끝도 없이 뭐죠? 금방이라도 쓰러질 것 같

고 안색도 좋지 않네요. 무슨 일이 있었습니까?

가즈에        요 며칠 동안 밥을 통 먹질 못했어요.

키르케고르    일단 차라도 들어요. 따뜻한 수프도 있으니 괜

찮으면 드시고요.

가즈에    감사합니다. 하지만 지금은 아무것도 먹고 싶지 않아요.

키르케고르    좋습니다. 마음이 내키면 조금이라도 드세요. 그런데 대체 무슨 일을 겪었던 겁니까?

가즈에    다 같이 모여서 했던 투자가 실패로 끝났습니다. 사이좋게 지내던 동네 친구들, SNS에서 알게 된 동료들과 함께하던 투자입니다.

키르케고르    당신이 중심이 되어 투자한 건가요?

가즈에    네. 처음에는 지인인 A 씨에게 돈을 벌 수 있다는 이야기를 들은 게 계기였습니다. "지금 B 파이낸셜이라는 회사에 투자하고 있어. 주식이나 비트코인 같은 여러 금융 상품에 투자하고 있는데 금방 돈을 벌 수 있어"라고 하더군요. 저는 바로 A 씨를 통해서 투자했는데, 정말로 돈을 많이 벌어서 자금이 열 배, 스무 배로 불어났어요.

키르케고르    꿈같은 이야기로군요.

가즈에       금광을 발견한 기분에 매일 몹시 신이 났습니다. 그런 돈이 되는 쏠쏠한 얘기를 나만 아는 건 좀 그렇다는 생각이 들어 친한 친구에게도 말해 주었습니다. 친구가 친구를 불러들여 순식간에 동료가 백 명 정도로 불어났습니다.

키르케고르       당신이 그 백 명 사이에서 중간 역할을 맡았군요?

가즈에       네. 모두가 모은 돈을 A 씨에게 건네면, 그 돈을 A 씨가 B파이낸셜에 투자했어요. 저는 엄청난 이익을 얻었고 모두가 저에게 크게 고마워했어요. 그런데 어느 날 갑자기 A 씨와 연락이 되지 않았습니다. 백 명의 동료에게 받은 돈은 A 씨가 전부 맡아서 관리하고 있었어요. A 씨와 한통속이라는 의심을 받은 저는 "네가 날 속였어!", "돈을 돌려줘!"라며 사기꾼이란 소리도 들었습니다. 하지만 저도 많은 돈을 잃었고, 속인 사람은 제가 아니라 A 씨예요.

## 달콤한 이야기는 영원하지 않다

키르케고르    그야말로 천국에서 지옥행이군요.

가즈에    지옥……. 살아 있는 지옥입니다. '많은 사람에게 피해를 줬다'는 죄책감으로 머릿속이 가득해요. 생각나는 곳은 다 찾아봤지만 A 씨는 보이지 않았어요. 저도 거의 전 재산을 잃어서 백 명분의 손실을 메우는 건 불가능하고요.

그러다가 사람들의 눈이 무서워져서 집 밖으로 한 발자국도 나갈 수 없게 됐어요. 먹을 걸 사러 갈 수도 없는 상황이지만, 애초에 식욕도 전혀 없습니다. '나는 이대로 서서히 죽어가겠구나' 생각하고 있는데, 보다 못한 친구가 끌고 오다시피 해서 저를 여기로 데려왔어요.

키르케고르    그런 달콤한 이야기가 언제까지나 계속될 리 없다는 건 어렴풋이 알고 있었죠?

가즈에    지금 생각해 보면 '네'라고 대답해야 할지도 모르겠네요. 마음속 어딘가에는 늘 불안한 마음이 있었습니다.

키르케고르 　　　현실을 어느 정도는 바라보고 있었군요.

가즈에 　　　돈을 벌 때는 '더 벌 수 있다!'라는 생각이 강해서 불안하기는 했어도 의식하지는 못했습니다. 냉정하게 생각해 보면 단기간에 돈이 몇 배로 불어나는 건 있을 수 없는 일인데.

키르케고르 　　　그래서 지금은 투자를 중단했나요.

가즈에 　　　네.

키르케고르 　　　알겠습니다. 당신은 완벽해요. 아무 문제도 없습니다. 애초에 투자는 자기 책임입니다. 늘 마음 한구석에서는 '잘 안 될지도 모른다'고 생각하면서 투자를 계속했는데 결국 잘되지 않았습니다. 모든 걸 잃음으로써 책임을 지고 있죠. 생각한 대로 됐군요.

## 실패도 슬픔도 인생에 활용하라

가즈에 　　　생각한 대로 됐다니, 그런…… 저는 절망에 빠졌어요.

키르케고르    무엇 때문에 절망에 빠졌나요?

가즈에    친구라고 생각했던 사람들을 잃었으니까요.

키르케고르    그렇군요. 하지만 사실 당신이 절망에 빠진 건
'친구를 잃었기 때문'이 아닙니다. '친구를 잃은 자신'
에게 절망하는 거예요.

가즈에    자신에게?

키르케고르    네. 절망의 유형으로 말하자면 '무한성의 절망'
에 해당합니다. 현실의 자신을 인정하지 않고 스스로를
소외시키고 있어요.

가즈에    소외요?

키르케고르    간단히 말하자면 자기 자신을 미워하고 따돌리
는 거죠. 스스로를 잃어버린 상태라고 할 수도 있고, 바
꿔 말하면 나를 부정하고 있다고 할 수도 있습니다. 우
선 친구를 잃은 자신을 받아들이는 일부터 시작해 보면
어떨까요?

가즈에      자신을 받아들인다?

키르케고르      있는 그대로의 자신을 받아들이는 겁니다. 친구를 잃은 나를 용서하세요. '지금 나는 친구를 잃고 아무도 없지만, 그것도 나야. 그건 그거고 뭐 어때'라고.

가즈에      "뭐, 어때?"라고요?

키르케고르      네. '친구가 없다고 해서 다 포기할 필요는 없어. 친구를 갖고 싶으면 새로 사귀면 되잖아'라고 생각하는 게 절망에서 벗어나는 첫걸음입니다.

가즈에      하지만 친구를 잃은 건 역시나 슬픈 일이에요.

키르케고르      그렇죠. 하지만 가즈에 씨, 인생은 뒤를 돌아볼 때만 이해할 수 있어요. 일어난 일밖에는 이해할 수 없죠. 다만 인간은 앞만 보고 살아가는 수밖에 없어요. 누군가를 잃은 슬픔은 누군가를 잃은 후에야 이해할 수 있는 감정입니다. 친구를 잃은 슬픔은 친구가 곁에 있을 때는 이해할 수 없는 감정이었어요.

힘든 거 압니다. 그러나 이 슬픔은 당신의 인생을 제 손으로 되돌려놓고 나서 맛봐야 할 감정이에요. 슬픔을 참지 말고 마음껏 음미하세요. 억지로 참으면 슬픔이라는 감정만 남고 배우는 게 아무것도 없어요. 당신한테는 이런 말을 해 주고 싶군요.

인생은 반복이며, 반복이야말로 인생의 아름다움이다.
**_『인생의 지혜 XIII 키르케고르의 말』_**

키르케고르　　과거의 교훈을 현재에 활용하세요. 과거→현재→과거→현재……. 인생에서는 이 반복이 중요합니다. 과거를 끄집어내기만 하면 인생을 망치게 됩니다. 그간의 경험을 계속 후회하는 게 아니라 앞으로 살아갈 인생에 활용해야 합니다. 그럼 인생이 풍요로워질 거예요.


## 다시 시작하기에 적합한 문젯거리

키르케고르　　그런데 친구였던 사람들은 잘 지내고 있나요?

가즈에　　직접 얘기해 보지는 않았지만, 들려온 소문으로는 건강하게 지낸다고 들었습니다.

키르케고르    그럼 다행이네요.

가즈에    전혀 그렇지 않아요.


키르케고르    왜요? 그냥 '인간다운 생활을 하게 됐다'라고
해석할 수는 없는 건가요? 다 같이 즐겁게 투자하고 친
구들과 꿈을 이야기했었지. 그게 이제야 끝났다! 그렇
게 생각하면 좋을 것 같은데요.

가즈에    그렇게 간단한 문제가 아니에요!


키르케고르    그럼 어떤 문제인가요? 당신은 향락적인 삶에
서 방향을 바꿔 도덕적인 삶으로 넘어가려 하고 있어
요. 제 표현을 빌리자면 '미학적인 삶에서 윤리적인 삶
으로' 옮겨가고 있는 거죠. '당신이 다시 시작하기에 딱
맞는 문젯거리'라고 할 수 있어요.

가즈에    다시 시작하기에 딱 맞는 문젯거리라고요?


키르케고르    네. 절망은 모든 일의 출발점입니다.

절망은 사람들이 절대적인 어떤 것을 발견하기 위한

진정한 출발점이다.

_『인생의 지혜 XIII 키르케고르의 말』_

키르케고르　　당신 동료들도 마찬가지예요. 본인만 힘든 게
아니에요. 그보다 재산을 더 많이 잃은 사람들도 있을
거예요. 그래도 사는 게 인간입니다. 인간은 죽을 때까
지 살 권리가 있어요. 자기가 했던 실수에서 배우고, 의
무를 다하고 책임을 져야 합니다.

가즈에　　의무요? 근로라든가 납세의 의무 같은 거 말인
가요?

키르케고르　　물론 그것도 의무라면 의무지만, 제가 말하는
건 '스스로 정한 사회에서의 역할'입니다. 이 의무는 본
인이 결정할 수 있습니다. 씩씩하고 활기차게 사는 길
을 자신이 창조할 의무죠.
당신은 스스로 인생을 망친 게 아니에요. 남의 돈을 갈
취한 것도 아니고 그저 하던 일이 틀어진 것뿐입니다.
과거는 돌이킬 수 없어요. 하지만 인생은 멋진 것이고

지금 여기서부터 다시 살면 됩니다. 이제부터 만들어 갈 수 있어요. 그러니 정신 똑바로 차리세요.

## 자신을 선택해야 미래가 달라진다

가즈에        이해가 되는 것 같기도 한데, 뭔가 석연치가 않아요.

키르케고르      뭔가 마음에 걸리는 게 있나요?

가즈에        저는 스무 살 때부터 척추지압사로 일하기 시작해서 20대 후반에는 여동생과 함께 카페도 열었습니다. 밤낮을 가리지 않고 일한 덕분에 돈도 좀 모았죠. 하지만 마흔을 코앞에 앞두고, 몸이 비명을 지르고 있다는 걸 깨달았습니다. '이 생활을 계속할 수는 없어. 몸이 버티지 못할 것 같아.' 그래서 카페를 접고 투자 공부를 시작했어요.

키르케고르      가즈에 씨는 정말 열심히 살았군요.

가즈에　　　　마침 그 무렵 A 씨의 이야기를 듣고 카페를 판
돈으로 투자를 시작했습니다.

키르케고르　　그래요, 의도한 대로군요. 뭐가 문제죠?

가즈에　　　　결혼도 안 하고 열심히 일했는데 이런 꼴이라
니…….

키르케고르　　자신을 선택하지 않은 채 신이 나서 우쭐할 때
는 절망의 절정기인 줄 모릅니다. 그렇게 모든 일을 다
할 수 있을 거라는 상상 속에 있다가 현실로 돌아오면
아무것도 할 수 없는 상황을 직면하게 되는 거죠. 단지
그뿐입니다. 자기가 선택한 일이에요. 당신은 '자신을
잃는다', '자각하지 못한다'는 선택을 해온 겁니다. 자
이제 어떻게 할 거죠? 자신을 선택할 건가요?

가즈에　　　　자신을 선택한다?

키르케고르　　자신을 선택하느냐 마느냐에 따라 전혀 다른
미래가 펼쳐질 수 있습니다.

가즈에　　　　…….

## 물질보다는 행동이 먼저다

키르케고르     아직도 당신 안에 뭔가가 뒤엉켜 있어요. 자기 분석을 좀 더 해야 할 것 같군요. 당신에 대해 좀 더 이야기해 보세요. 예를 들어 어머니에 대해서라든가.

가즈에     엄마는 자유분방하게 살아왔고 결혼도 다섯 번이나 했습니다. 저는 네 번째 결혼에서 낳은 아이인데, 그때 여동생이 태어났어요. 아버지가 다른 형제도 많이 있습니다.

키르케고르     꽤 독특한 어머님이군요.

가즈에     엄마는, 말하자면 '여자 버전 도라 씨'에요. 〈남자는 괴로워 男はつらいよ〉에 나오는 후텐의 도라 씨처럼 전국을 돌아다니며 일했죠('도라'라는 이름은 영화 〈남자는 괴로워〉 시리즈의 주인공 구루마 도라지로의 애칭으로 일본 각지를 돌아다니며 물건을 팔았다. 영화는 그렇게 전국을 떠돌아다니던 도라지로가 고향에 돌아와서 일어나는 에피소드를 그린다—역주). 도라 씨와 달리 결혼은 다섯 번이나 했지만요.

키르케고르   집에는 잘 안 계셨나요?

가즈에   네. 그래서 집에 와서 엄마를 보면 기뻤습니다. 엄마의 입버릇은 "하고 싶은 대로 살아라"였어요. 방임주의라서 통금 시간도 없었고 저와 여동생은 자유롭게 제멋대로 살아왔습니다.

키르케고르   어머니는 지금 어떻게 지내세요?

가즈에   ……실은 3년 전에 돌아가셨어요…….

키르케고르   왜 그래요? 우는 거예요?

가즈에   죄송합니다. 왠지 눈물이 나서. 이야기를 하다가 알게 된 건데, 제 인생은 어머니가 없다는 외로움을 메우기 위한 것이었는지도 몰라요. 돈에 집착한 이유도 그래요. 지금은 그 돈도 다 잃었고, 제게 남은 건 아무것도 없어요.

키르케고르   여동생은 어떻게 지내요? 잘 지내나요?

가즈에   네.

키르케고르     다행이네요. 돈은 전부 잃었고 어머니도 돌아가셨지만, 그래도 당신과 여동생은 건강하게 살아 있고 많은 추억이 남아 있어요. 친구였던 사람들도 당신 앞에서는 사라졌지만 어딘가에서 각자의 길을 살고 있죠. 모두가 여기서부터 다시 시작할 수 있습니다. 알겠어요?

가즈에     조금은요.

키르케고르     당신에게 이 말을 해 주고 싶어요. 제가 일기에 쓴 말입니다.

나 자신의 사명이 뭔지를 이해하는 것이 중요하다.

_「키르케고르의 일기: 철학과 신앙의 사이」

키르케고르     돈이나 재산이 없어지면 다시 갖고 싶어지고, 늘어나면 더 갖고 싶어지죠. 욕망은 끝이 없어요. 충족되지 않아서 행복을 느끼기도 어렵습니다. 하지만 자신의 사명을 발견하고 이를 이해하고 살아간다면 더할 나위 없는 충족감을 느낄 수 있을 거예요. 자신이 누구로 살 것인가를 생각하고 행동하는 거죠. 돈은 그 행동을 하고 난 뒤에 따라오는 부록일 뿐입니다. 당신은 지금부터 시작할 수 있어요. 어때요? 시작할 수 있겠어요?

가즈에       '살아 보자'는 생각이 조금 들었습니다. 결국 욕심을 부리면 안 된다는 뜻이군요.

키르케고르      인간인 이상 욕심은 없어지지 않습니다. 욕심이 나쁜 게 아니라 그걸 발판으로 삼고 자신으로서 살아가는 게 중요합니다. 현실 도피를 그만두고 '지금'으로 돌아와서 '지금'을 사세요. 꿈에서 깨어나 진정한 자신으로 사는 겁니다. 정신적으로 강해진 자신을 인정하고, 창조적인 삶을 사는 거예요. 그렇게 하면 균형 있게 살아갈 수 있는 가능성이 생겨납니다. 지금 가즈에 씨에게는 아무런 나쁜 일도 일어나지 않았어요.

## 절망에서 벗어나는 5단계

가즈에       결국 인생을 스스로 만들어 나가지 않으면 행복해질 수 없다는 말이군요. 그런데 어디서부터 시작해야 할까요?

키르케고르 　　먼저 자기 자신이 되어야 합니다. 당신은 '자신
을 잃어버린 절망'에 빠져 있고, 자신이 누구인지 알지
못해요. 되고 싶은 자신이 될 수 있게끔 창작을 해야 합
니다. 매일 체크해야 할 사항을 소개하죠. '절망에서 벗
어나는 5단계'입니다.

**절망에서 벗어나는 5단계**

1. 절망에 빠진 상태인지 체크한다.

2. 여기서 발전할 의욕이 있는지 스스로에게 묻는다.

3. 앞으로 나아가기 위해 다양한 가능성을 탐색한다.

4. 무엇보다 자신을 있는 그대로 긍정한다.

5. 다른 사람이 존재한다는 것에 감사한다.

키르케고르 　　이 단계를 밟으면 자신으로 사는 데 집중하게
되어 돈으로 외로움을 채우는 삶을 살지 않게 됩니다.
매일 반복되는 일상은 삶에 깊이를 더하고 만족감을 주
죠. 특히 당신의 경우에는 일이 생기면 주위를 탓하는

경향이 있습니다. 주변을 탓한다는 건 자신을 돌아보지 않는다는 뜻입니다. 5번 '다른 사람이 존재한다는 것에 감사한다'는 항목을 특히 염두에 두세요. 거듭 감사하다 보면 누구의 탓도 하지 않게 될 겁니다.

가즈에      매일 해 볼게요. 저는 오늘 여기서 나를 알고, 선택하고, 창조해야 한다는 걸 이해하게 됐습니다. 키르케고르 선생님과 이야기를 나누고 나니 속이 후련합니다.

키르케고르      저는 개인을 중시하는 입장입니다. 당신은 당신 자신입니다. 자신을 알고, 상대를 알고, 세상을 아는 수단 중의 하나가 대화입니다. 대화를 통해 자신을 알아갈 수 있죠. 저와의 대화를 통해 자신을 조금이나마 되찾을 수 있었을 겁니다.

가즈에      너무 괴로워서 자신을 탓할 뿐, 누군가와 대화하거나 자신과 마주하는 일도 없었습니다. 대화를 나누는 일이 중요하다는 걸 알게 되었어요. 저 자신에 대해 모르는 부분도 많아서, 그 탐구는 죽을 때까지 계속될지도 모르겠어요. 하지만 앞으로 어떻게든 살아갈 수 있을 것 같습니다. 게다가 '모두가 대화할 수 있는 세상을 만들겠다'는 개인적인 목적도 생겼습니다.

키르케고르 　잘됐네요. 마지막으로 한마디만 더 하겠습니다.

사랑은 사랑을 전제로 하는 것, 사랑을 갖는다는 것은 타인에게 사랑이 있음을 전제하는 것, 사랑으로 가득 차 있다는 것은 타인이 사랑으로 가득 차 있음을 전제로 하는 것이다.

_「인생의 지혜 XIII 키르케고르의 말」

가즈에 　그게 무슨 뜻이죠?

키르케고르 　쉽게 말해 사랑을 전제로 살아 보자는 말입니다. 당신은 과거를 걱정하느라 현재를 살아갈 가능성도 잃고 자신을 사랑하는 것도 잊고 있었어요. '자신을 사랑하지 않음'으로써 무한성의 절망에 빠졌지만, 계속 강한 척하고 있었죠. 중요한 건 자신을 사랑하는 걸 전제로 타인도 사랑해서 사랑으로 가득 찬 삶을 사는 겁니다. 그러면 진정한 자신으로 살 수 있게 되죠.

| 가즈에 | 우선 자신을 사랑하라는 거군요. 선생님의 이 |
|---|---|

가즈에        우선 자신을 사랑하라는 거군요. 선생님의 이야기를 듣다 보니 배에서 꼬르륵 소리가 났어요. 아까 말씀하셨던 수프 지금 먹어도 될까요?

키르케고르        물론이죠! 금방 다시 데워드리겠습니다. 많이 드세요.

가즈에 씨는 다시 척추지압사 일을 시작했고 투자도 자신의 책임 범위 안에서 재개했다고 합니다. 키르케고르 선생님의 조언을 받아들여 지금까지의 실패를 직시하고 당당하게 사람들과 대화하는 일을 즐기면서 한 걸음 한 걸음 앞으로 나아가고 있습니다.

· · · · · · · · · · · · · · · · · · · · · · · · · · · · · · · · · ·

**키르케고르 선생님이 전하고 싶은 말 ⑤**

자신의 사명을 발견하고, 이해하고, 그에 따른 삶을 살아라!

칼럼 5

# 사르트르와 키르케고르

철학 책을 읽으면 삶의 지혜를 얻을 수 있습니다.

저는 특히 개인을 다루는 실존주의(개인의 존재를 주제로 삼는 철학)에 매료되어 2018년 『책임은 어떻게 삶을 성장시키는가: 행동하는 철학자 사르트르에게 배우는 인생 수업』을 출간했습니다. 그 후 철학을 더 깊이 배우게 되었고, 그러는 사이 키르케고르에게 강하게 매료되었습니다.

키르케고르는 실존주의의 아버지로 불립니다. 전 세계적으로 유명한 철학자 니체, 야스퍼스, 사르트르, 하이데거도 그들의 철학을 거슬러 올라가면 키르케고르가 바탕이 되었음을 알 수 있습니다. 키르케고르의 철학만이 아니라 그의 삶에는 눈을 뗄 수 없는 부분들이 많았습니다. 그는 오로지 자기 자신의 머리로 생각하고 진심을 다해 살았습니다(살려고 했습니다).

'손해인가, 이득인가'는 따지지 않는다. 남의 마음을 내 마음대로 헤아리지 않는다. 남들이 어떻게 생각하든 상관하지 않는다. 앞뒤를 따지지 않으며 자신과 타인을 비교하지 않는다……

'누가 뭐라고 해도 해내겠다'라는 강한 의지를 가지고 신념에 따라 살았고, 죽는 순간까지 자신이 믿었던 종교(기독교)와 대치했습니다. 그의 삶은 "인생은 당신에게 달렸소. 당신이 어떻게 하느냐에 달려 있다오"라고 말하는 듯했습니다.

키르케고르의 저작은 이야기를 엮어 철학을 알려 주는 책이 많아서 읽을거리로도 재미있지만, 한편으로 난해한 책도 많습니다. 『죽음에 이르는 병』도 마찬가지로 용어도 내용도 어렵습니다. 저는 제 나름대로 해석하며 상당 부분을 이해해 나갔습니다. 그의 진리에 다가가고 싶어서 여러 번 읽는 동안, 기묘한 순간을 경험하기도 했습니다.

바로 제 영혼 깊숙한 곳에 존재하지만 의식하지 못하는 부분(속마음)에 살짝 닿은 듯한 느낌을 받은 것이죠. 말로 표

키르케고르의 절망 수업

현할 수 없는 감동이었고, 지금까지 읽은 철학서에서는 경험하지 못했던 큰 용기와 자신감을 얻었습니다.

사르트르는 많은 사람을 만나고 대화를 나눴습니다. 키르케고르는 많은 책을 남겼죠. 그는 자신과의 대화를 소중히 여기는 철학자였습니다. 제게 철학을 배우러 온 이들에게 키르케고르의 책에서 얻은 가르침을 전하면 "정말로 해야 할 일이 뭔지 알았다", "석연치 않았던 마음에서 해방되었다", "새로운 나를 발견했다", "자신의 결점까지도 좋아하게 되었다"고들 말하곤 합니다.

6장

# 유한성의
# 절망 2

"모험을 하면 아무리 많은 것을 잃는다 해도 결과적
으로 소중한 것을 잃게 되는 경우는 거의 없다. 하지
만 모험을 하지 않으면 이 소중한 것을 무서울 정도
로 쉽게 잃을 수 있다."

— 『죽음에 이르는 병, 현대의 비판』
쇠렌 키르케고르 지음, 마스다 게이사부로 번역, 주오고론신샤

**도시오 씨의 사례**

도시오 씨(29세)는 회사원이고 독신이다.
여자 친구에게 과감하게 프러포즈를 했지만⋯⋯.

· · · · · · · · · · · · · · · · · · · · · · · · · · · · · · · · · · · · · · ·

## 어느새 멀어진 여자 친구의 마음

키르케고르　　어서 오세요. 젊은 분이시군요. 실례지만, 몇 살

인가요?

도시오　　스물아홉입니다.

키르케고르　　이삼십 대 젊은 사람 중에는 힘든 일이 있어도

그렇지 않은 척하는 사람이 많습니다. 절망해도 절망하

지 않은 척하죠. 절망하고 있다는 사실을 자각하고 스

스로 해결할 수 없다면 누군가에게 상담하는 것이 중요

합니다. 지금을 살아가는 데 도움이 되거든요. 그래서 절망에 빠진 젊은이가 찾아오면 마음이 놓입니다. 자, 대체 무슨 일인가요?

도시오　　　사실 어제 여자 친구와 헤어졌습니다.

키르케고르　　그래요. 자세히 말해 보세요.

도시오　　　3년 동안 사귀었어요. 그렇긴 해도 장거리 연애라서 한 달에 한 번 만날까 말까로, 나머지 시간은 SNS로만 연락을 주고받는 느낌이었습니다. 계속 이대로 시간만 보내는 건 좋지 않다고 생각했습니다. 나이도 제가 스물아홉이고 여자 친구는 서른하나로 다른 사람들이 보기에는 나이도 있고, 슬슬 결혼을 생각해도 좋을 것 같았거든요. 그래서 지난주에 만났을 때 "결혼하자. 당장 대답하지 않아도 되니까 천천히 생각해 봐"라고 얘기했어요. 그런데 어제 전화가 와서 "지금은 일이 재미있어서 결혼할 생각이 없어. 미래에 대한 서로의 생각이 다른 것 같아. 좋은 기회니까 헤어지자"고 말했어요……

키르케고르      여자 친구분의 말을 순순히 받아들였나요?

도시오          제가 받아들이든 말든 상대방이 그렇게 말한다면 어쩔 수 없죠.


키르케고르      어떤 생각이 들었나요?

도시오          충격이었습니다.


키르케고르      차였으니까?

도시오          물론 그것도 있죠. 하지만 그 전에, 보통 사귀던 사람이 '결혼하자'고 청혼하면 기뻐하기 마련 아닌가요? 사실은 텔레비전 드라마나 영화 속 장면처럼 감동해서 울지도 모른다고 기대하고 있었어요. 하지만 여자 친구는 그렇지 않았죠. 무척 난처한 얼굴을 하고 있었어요. 그게 충격이었습니다.


키르케고르      여자 친구분의 마음이 멀어졌다는 걸 눈치채지 못했습니까?

도시오          미처 몰랐습니다. 거절당하고 나서야 '그러고 보니' 하는 생각이 들었죠. 매일 연락을 주고받을 정도

로 달달했던 사이도 아니고 떨어져 있었지만 외롭지도
않았습니다. 사귀고 있는 것 같지만, 사실은 그렇지 않
았을지도 몰라요.

키르케고르　　거절당하고 나서야 그 사실을 깨달았나요?

도시오　　　항상 열정적인 관계만이 연인이나 부부인 건
아니라고 생각했으니까요.

## 사고가 정지되어 있다는 증거

키르케고르　　도시오 씨 부모님은 어떤가요?

도시오　　　드라이한 느낌이죠. 공무원이었던 아버지가 정
년퇴직하고 나서는 예전보다 대화가 적어진 것 같아요.
하지만 부부란 원래 그런 거잖아요?

키르케고르　　그런 거라고 하면?

도시오　　　어느 정도 거리를 유지하면서 함께 살아가는
관계.

키르케고르   진심인가요?

도시오   적어도 저는 그렇게 생각했습니다.


키르케고르   솔직히 말씀드려도 될까요?

도시오   네, 네.


키르케고르   당신은 지금 사고가 정지된 상태예요.

도시오   사고가 정지된 상태?


키르케고르   눈앞에 주어진 것에 의문을 품지 않아요. 여자
친구가 헤어지자는 말을 꺼내도 '그렇구나' 하고 넘어
갑니다. 부부 간의 거리감도 자기 부모님만 보고 '부부
란 그런 것'이라고 생각하죠. 그게 편하긴 해요. 생각하
지 않아도 되니까. 자신이 '아무것도 생각하지 않는다'
는 사실조차 모르고 있어요. 계속 그랬는데도 '생각하
면서 살아왔다'고 생각하죠.

도시오   하, 유감이군요!


키르케고르   감정적으로 굴지 마세요. 당신을 탓하는 게 아

닙니다. '부모가 깔아 준 레일 위를 아무 의심 없이 그대로 걸어온 사람', '주위의 시선을 신경 쓰며 주변 사람과 동일하다는 사실을 중요하게 여기는 사람'에게 많이 보이는 특징입니다. 좋은 대학을 나와 좋은 회사에 들어가면 인생이 안전할 것으로 생각하죠. 아닌가요?

도시오　　　부정하는 건 아니지만……. 저한테 싸움을 거는 겁니까!?

키르케고르　　　설마요. 당신이 잘못했다고는 생각하지 않습니다. 만약 굳이 범인을 찾으려 한다면 사회, 혹은 교육 방식이 나빴다고 할 수 있겠죠. 도시오 씨 부모님에게도 책임이 있습니다. 의심을 하지 않는 아들로 키웠으니까요. 뭐, 당신에게도 어느 정도 책임은 있겠고요.

## '이상적인 자신'이 될 수 없어 절망한다

도시오　　　저는 절망에 빠졌어요.

키르케고르　　　무엇 때문에 절망에 빠졌습니까?

도시오    연인과 헤어지면 보통 누구나 절망하잖아요?
여자 친구와 결혼해서 행복해지고 싶다는 미래에 대한
희망도 없어졌으니까요.

키르케고르    '연인과 헤어진 것'에 대한 절망, '미래에 대한
희망이 없어진 것'에 대한 절망은 본질이 아닙니다. 당
신은 당신에게, 달리 말하면 자기 자신에게 절망하고
있는 겁니다.


도시오    나 자신에게?

키르케고르    당신은 지금의 자신으로부터 탈출해서 다른 자
신이 되고 싶다고 생각하고 있어요. 다시 말해 이런 거죠.

---

**A 지금의 자신**    여자 친구와 헤어져 외톨이가 된 자신

**B 다른 자신**    여자 친구와 결혼해 행복한 자신

---

당신은 사실 B인 '다른 자아'로 살기를 원합니다. 하지
만 실제로는 A의 자아로 살고 있죠. A로 사는 데서 벗어
나려고 하지만 아무리 발버둥쳐도 벗어날 수 없어요.

계속 A로 살도록 강요당하며, 자신이 그토록 되고 싶은 B가 되지 못하기 때문에 고뇌하고 있는 겁니다. 좀 더 쉽게 말하면 '이상적인 나'가 아닌 자기 자신에게 절망하고 있는 거예요.

도시오　　이상적인 나라고요?

키르케고르　　그래요. 더 감당하기 힘든 사실은 그 '이상'이 당신이 생각한 이상이 아니라는 거예요. 부모님이나 세상이 생각한 이상을 자신이 생각한 이상이라고 믿고 있는 겁니다. 그런 의미에서 당신은 '유한성의 절망'에 빠져 있다고 해도 좋아요.

도시오　　유한성의 절망?

키르케고르　　네. 부모님이 깔아준 레일을 타고 제대로 된 학교에 가면 좋은 회사에 취직할 수 있다고 믿었겠죠. 좋은 회사에 취직하면 좋은 결혼을 할 수 있다고 믿고요. 좋은 결혼을 하면 행복한 종착역에 도착해 행복한 결말이 기다린다고 믿고 있어요. 그렇지 않나요?

도시오 ······.

키르케고르 당신은 단지 개념 속에서 살고 있는 것뿐이에요. 개인으로 사는 게 아니고. 주변 사람의 눈치를 살피고 주변 사람의 의견에 따라 그냥 사는 거라고요. 그렇게 살아가는 한 '진정한 나'는 될 수 없습니다.

## 절망은 인간에게만 주어진 '병'

키르케고르 애초에 당신은 주변 사람들의 목소리에 지나치게 귀를 기울이는 데 익숙해져 있어요. 주변인과 똑같다는 게 가장 큰 미덕이라고 착각하고 있죠. 그래서 그저 개념 속에서만 살게 된 겁니다.

도시오 저는 어떻게 해야 '진정한 나'가 될 수 있을까요?

키르케고르 힌트를 드리겠습니다. 당신이 어떻게 해야 할지 답을 아는 사람이 있어요. 그 사람이 누구인지 가르쳐 줄 수 있습니다.

도시오 누군가요?

키르케고르　　바로 당신 자신입니다. <u>스스로에게 물어보세</u>요. '나는 어떻게 하면 좋을까?' 하고. 고민하거나 망설일 때 누군가에게 조언을 구하는 건 결코 나쁜 일이 아닙니다. 하지만 <u>'최초의 누군가'</u>는 항상 자신이어야 합니다. 한껏 고민하고, 괴로워하고, 때로는 절망도 해 보는 거예요.

도시오　　절망하는 건 이제 지긋지긋합니다.

키르케고르　　절망은 인간에게만 주어진 '병'입니다. 동물은 절망하지 않습니다. 절망은 인간이라는 증거입니다. 결코 나쁜 것만은 아니에요. 고뇌하면서 절망을 다 맛보고 나면 그 끝에 당신의 성장이 있을 겁니다.

도시오　　절망을 다 맛본다고요?

키르케고르　　절망에 절망해서 눈을 감지 마세요. 깊이 응시하세요. 그 앞에 미래가 있습니다. 스스로에게 물어보세요. 당신은 어떤 <u>미래</u>를 원하느냐고. 상상해 보세요. 자신이 원하는 미래를.

도시오　　어떤 미래를 원하는가……. 새로운 여자 친구

를 만드는 거?

키르케고르　　좋네요! 실패를 두려워하지 말고 미래를 향해 나아가세요. 마지막으로 당신에게 다음과 같은 말을 전합니다.

세상의 눈으로 보면 모험을 하는 것은 위험한 일이다. 왜 그럴까? 모험을 하면 잃을 게 있기 때문이다. 그래서 모험을 하지 않는 편이 현명하다. 그러나 모험을 하면 아무리 많은 것을 잃는다 해도 결과적으로 소중한 것을 잃게 되는 경우는 거의 없다. 하지만 모험을 하지 않으면 이 소중한 것을 무서울 정도로 쉽게 잃을 수 있다. 즉 자신을, 그것이 마치 아예 없었던 것처럼 아주 쉽게, 완전히 잃어버릴 수도 있는 것이다.

_「죽음에 이르는 병, 현대의 비판」

그 후 도시오 씨는 절망을 다 맛보고 난 결과, 반년 후에 새로운 여자 친구가 생겼습니다. 지금은 결혼을 전제로 연애하고 있다고 합니다. 결혼 후에는 일과 가정을 양립할 수 있도록 자신이라는 개인을 스스로 창조하고 심지 있는 자기다움이 뭔지를 탐구 중이라고 합니다.

· · · · · · · · · · · · · · · · · · · · · · · · · · · · · · · · · · · · · · · · · · ·

### 키르케고르 선생님이 전하고 싶은 말⑥

절망을 깊이 음미하라!

키르케고르의 절망 수업

# 세상이 나를 비난할지라도

**세간의 비방과 조롱에 홀로 맞서다**

1838년 아버지 미카엘을 잃고, 1941년 연인 레기네와 약혼을 파기한 뒤 키르케고르는 본격적인 집필 활동에 들어갑니다. 이 시기에는 다음과 같은 대표적인 저작을 계속해서 출판합니다.

- 1843년(30세) 『이것인가, 저것인가 Enten-Eller』, 『두려움과 떨림 Frygt og Bæven』, 『반복 Gjentagelsen』.

- 1844년(31세) 『철학적 단편 Philosophiske Smuler』, 『불안의 개념 Begrebet Angest』.

- 1845년(32세) 『인생길의 여러 단계Stadier paa Livets Vei』.

미카엘의 고백으로 자신도 서른세 살까지는 살 수 없다고 생각하고, 남은 인생에서 조금이라도 많은 저작을 남기려고 생각했을지도 모릅니다. 작가로서 써야 할 작품을 내놓고 빨리 지방 교회의 목사로 사는 길로 옮겨가려는 생각도 있었을 것입니다.

그러던 중 어떤 사건이 키르케고르에게 일어납니다. 유명한 '콜사르 사건'입니다.

**풍자 기사로 온 동네의 웃음거리가 되다**

사건의 발단은 1845년 12월 『인생길의 여러 단계Stadier paa Livets Vei』에 대한 비판적인 비평이 잡지 〈대지〉에 실리면서입니다. 이 비평은 키르케고르의 학창 시절 친구인 뮐러가 썼습니다.

뮐러는 코펜하겐 대학 교수 자리를 노리는 한편, 발행 부수가 많은 사회 풍자 주간지 〈콜사르Corsair〉에 대필 작가로 참여하고 있었습니다. 당시 〈콜사르〉는 유명인을 깎아내리는 글을 자주 싣는 결코 품위 있다고 할 수 없는 매체였습니다.

키르케고르는 잡지 〈조국〉에 반론을 게재해, 뮐러가 〈콜사르〉에 참여하고 있다는 사실을 폭로했습니다. 이에 따라 뮐러는 대학에서의 지위를 포기할 수밖에 없었습니다. 〈콜사르〉를 발행했던 골드슈미트는 키르케고르와 화해하려고 했습니다. 그러나 키르케고르는 이를 받아들이지 않았습니다.

그 보복으로 〈콜사르〉는 키르케고르를 표적으로 삼아 그가 산책하는 모습을 풍자하는 만화와 그를 매도하는 기사를 실었습니다. 이 기사는 1846년 7월까지 계속 연재되었습니다.

〈콜사르〉의 영향력은 커서 키르케고르가 거리를 걸으면, 아이들이 "'이것이냐 저것이냐' 온다"라고 놀려대는 형국이었습니다. 온 동네의 웃음거리가 된 키르케고르였지만, 그의 편을 들어주는 사람은 아무도 없었습니다.

### 자신의 진정한 모습을 되찾기 위해 눈을 돌리다

콜사르 사건으로 인해 키르케고르는 친구 뮐러가 대학 교수 자리를 포기한 것처럼 목사의 길을 포기하는 지경에 이르렀습니다. 이때 키르케고르가 목격한 것은 대중의 무책임함과 폭력성이었습니다. 주위에 영합하여 진실을 보려고 하지 않고 이빨을 드러내며 덤벼드는 수많은 사람들을 목도했습니다.

그러나 키르케고르는 이러한 상황을 결코 외면하지 않고 오히려 배움의 기회로 받아들였습니다. 1847년 1월의 일기에는 다음과 같이 쓰고 있습니다.

'모든 열악한 공격이 나에게 쏟아진 것에 대해 하느님을 찬양하라. 은둔과 망각 속에서 회개하기 위해 목사관에서 살고 싶다는 바람이 우울한 생각에 지나지 않았다는 것을 힘겹게 배우고 알게 될 적당한 기회를 얻었다. 나는 지금까지와는 다른 결의를 지니고 달리는 길 위에 서 있다.'

_「죽음에 이르는 병, 현대의 비판」

키르케고르는 이후 대중으로서가 아니라 평균화되지 않은 '단독자'로서 본래의 자아를 되찾는 일의 중요성에 주목합니다. 그리고 한 사람 한 사람이 스스로 결단하고 책임을 지고 자신의 삶을 소중히 여기며 자각한 채 사는 것(실존)이야말로 인간 본연의 모습이라고 생각했습니다.

콜사르 사건 이후 1846년 그는 『현대의 비판』을 출간하여 현대 사회를 개성을 잃은 사람들의 집단이라고 비판했습니다. 세상으로부터 비방당한 체험을 통해 사회의 병리를 발견하고 책을 써서 당당하게 사회에 질문을 던진 것이었습니다.

# 7장

# 가능성의
# 절망 2

"불안이 많은 사람일수록

그만큼 감성도 깊다."

― 「신역 불안의 개념」
쇠렌 키르케고르 지음, 무라카미 교이치 번역, 헤이본샤
(『불안의 개념』은 우리나라에도 번역되어 여러 출판사에서 출간했다-역주)

**쇼타 씨의 사례**

쇼타 씨(38세)는 영업부 과장으로 네 식구와 살고 있다. 최근 일이 잘 풀리지 않아 좌천 위기에 처했다······.

· · · · · · · · · · · · · · · · · · · · · · · · · · · · · · · · · · · · · · · · · · · · · · · ·

## 자신의 문제를 모르는 것이 진짜 문제

쇼타　　　　일의 성과가 오르지 않습니다. 영업직으로 부하 직원도 있는데, 그들의 몫까지 포함해서 부서 매출을 어떻게든 해결하지 않으면 십중팔구 좌천될 겁니다. 다음 인사 이동이 3개월 앞으로 다가왔어요.

키르케고르　　당신은 중간 관리자군요, 좌천되면 어떻게 됩니까?

쇼타　　　　월급이 깎여서 지금의 생활을 유지할 수 없게 됩니다. 아직 아이도 어린데 말입니다.

키르케고르    그렇군요. 하지만, 그래서요?

쇼타    네!?

키르케고르    우선 자신의 진짜 문제를 구체적으로 정의한
뒤 무엇을 해결하러 이곳에 왔는지 말씀해 주세요.

쇼타    아까도 말했지만, 어쨌든 좌천되는 사태만은
피하고 싶어요.

키르케고르    당신은 지금의 상태에 대해 사실을 말하고 있
는 것처럼 보일 수도 있지만, 아직은 테두리 밖에서만
뱅뱅 돌고 있어요. 실제로 무엇이 문제인지, 무엇에 대
응하지 못하는 건지 현재로서는 파악하기 어렵군요.

쇼타    테두리 밖에서만 뱅뱅 돈다고요?

키르케고르    자신을 안전한 곳에 두고 싶어서 테두리 바깥,
주변부만 이야기하고 있다는 말입니다. 구체적으로 말
하지 않고 자신에게 직접 불똥이 떨어지지 않도록 이야
기하고 있어요.

당신은 '나는 이렇게 생각해요'라고 말하지 않죠. '좌천되면 월급이 줄어 생활이 유지되지 않는다'라고 말하는데, '좌천'이 무슨 뜻이죠? 과장에서 대리가 되는 건가요, 아니면 평사원이 되는 건가요? 지금의 생활이 유지되지 않을 거라는 구체적인 이유는 무엇일까요? 듣는 사람이 구체적으로 상상할 수 있도록 이야기하는 게 중요합니다.

쇼타　　　　그러고 보니 아내가 종종 "당신이 하려는 말이 뭔지 잘 모르겠어"라고 말했어요.

키르케고르　　아내분이 그렇게 말한다는 건 당신 자신도 무슨 말을 하고 싶은지 모른다는 뜻입니다.

쇼타　　　　그러니까 내 문제가 뭔지 내가 모른다는 말인가요?

키르케고르　　그렇죠.

쇼타　　　　그걸 알면 해결할 수 있다는 건가요?

키르케고르　　아마도요.

쇼타　　　　내 문제가 뭔가요?

키르케고르　　'자신의 문제를 모르는 것'이 문제가 아닐까요?

쇼타　　　　그렇군요. 지금 알고 있는 건 저만 불안해하고 부하 직원들은 위기감이 없다는 사실입니다. 네 명의 부하 직원은 모두 개별적인 매출 목표를 가지고 있지만 아무도 달성하지 못하고 있어요.

키르케고르　　당신도요?

쇼타　　　　아니요, 저는 부하 직원을 관리하는 게 일이라서 개별적인 목표는 없어요. 지금까지 개별 목표를 달성해서 관리직에 올랐기 때문에, 현장에서 영업을 하라고 하면 지금 당장이라도 달성할 수 있습니다. 하지만 부하 직원은 그게 안 되더군요. 이게 고민일지도 몰라요.

키르케고르　　여기까지 왔는데 죄송하지만, 돌아가 주세요. 저는 실존주의자입니다. '한 개인으로서 자신을 주축으로 대화를 나누지 않는 사람'의 이야기는 듣지 않기로 했습니다.

쇼타　　　　네!? '한 개인으로서 자신을 주축으로 한 대화'

란 무엇을 의미합니까?

## 자신을 알고 난 뒤 생각하라

키르케고르  '나는'으로 시작하는 것이 한 개인으로서 자신
을 주축으로 한 대화입니다. '부하 직원이', '○○가'처
럼 자기가 아닌 다른 사람을 주어로 삼는 사람은 아무
리 길게 말한다 해도 추측성 이야기뿐이어서 현실을 다
룰 수 없습니다. 실존(인간의 실존)을 다루는 저로서는
속수무책이죠.
자신을 주축으로 삼지 않는 사람은 문제의 원인을 '자
신의 외부에 있다', '나는 나쁘지 않다'고 외부의 사건이
나 환경, 타인의 탓으로만 돌립니다. 저는 그런 사람의
상담은 해 줄 수가 없어요.

쇼타  알 것 같기도 하고, 모를 것 같기도 하고…….
키르케고르  인간은 자신이 해결하기 어려운 어려움에 빠지
면 절망합니다. 절망하기 때문에 거기서 어떻게 빠져나

갈지 탐구하고 탐색하죠. 절망하는 사람(자신에게 힘든 일이 닥친 사람)에게 살아갈 가능성의 힌트를 주는 게 저의 역할입니다. 당신은 부하 직원이라는 타인 때문에 곤란을 겪고 있어요. 본인 스스로에게는 어려움이 없다고 말하는 사람을 저로서는 상담할 수가 없습니다.

쇼타      저도 절망해야 하나요?


키르케고르   아닙니다. '자신을 알고 생각하라'고 말하는 것입니다.

쇼타      자신을 알라? 생각하라?


키르케고르   자신의 말로 자신에 대해 생각하는 겁니다. 부하 직원에 대해 생각하는 게 아니라요.

쇼타      무슨 생각을 해야 할까요?


키르케고르   자신을 바라보고 생각하세요.

쇼타      무슨 말인지 통…….


키르케고르   오케이. 무슨 생각을 해야 할지 모르겠다면 다음과 같은 말을 당신에게 해 주고 싶군요. 분명 좋은 단서가 될 거예요.

'자아란 자신이 스스로와 맺은 관계다. 즉 관계 중에는 자신과 맺은 관계도 포함되어 있다. 따라서 자아란 그저 단순한 관계가 아닌 자기 자신과 맺은 바로 그 관계를 가리킨다.'
'자아는 자기 자신과 맺은 관계와 마찬가지로 동시에 타인과 맺은 관계도 포함한다.'

_「죽음에 이르는 병」

쇼타　　　　무슨 말인지 더 모르겠습니다. 어디가 단서입니까?

키르케고르　　쇼타 씨도 이해할 수 있게 설명해 보죠. '자기'는 스스로 설정한 자신입니다. '타인'은 스스로 설정한 타인이고요. '세상'은 스스로 설정한 세상이죠.
　　　　'당신이 타인과 관계를 맺을 때' 그 타인은 당신에게서 멀리 떨어진 곳에 존재하는 게 아니라 당신 안에 있는 타인과 관계를 맺고 있는 겁니다. 당신이 세상과 관계할 때 그 세상도 당신에게서 멀리 떨어진 곳에 존재하는 세상이 아니고, '당신 안에 있는 세상'과 관련되어 있죠. 즉 당신이 설정한 타인만이 나타나고, 당신이 설정한 세상만이 나타난다는 뜻입니다. 모든 건 당신 안에서 해석한 것에 불과하다고 말해도 좋겠죠.

쇼타        내가 관계를 맺고 있는 타인은 '내가 설정한 타인'인가요?

키르케고르        그렇습니다. "A 씨는 기분 나쁜 사람이야"라고 말했을 때, A씨 본인이 기분 나쁜 사람으로 존재하는 것이 아니라 당신의 해석으로 'A씨는 기분 나쁜 사람'이 되어 있는 것뿐입니다. 당신이 A 씨를 못마땅하게 여기는 것뿐이에요.

쇼타        그럼 세상도?

키르케고르        물론 마찬가지입니다. 당신의 눈앞에 펼쳐진 세상이 진실인 것처럼 보여서, 당신은 의심하려고도 하지 않죠. 당신은 '팀의 영업 성적이 오르지 않았어. 그래서 내가 좌천되는 거야'라는 자기가 해석한 세계에 살고 있었습니다. '부하 직원이 나쁘다', '회사가 이해해 주지 않는다'는 부정적인 개념을 자못 진실인 것처럼 믿고 저에게 상담하러 온 거예요.

쇼타          …….

키르케고르    '세계적으로 경기가 나쁘다', '아무리 노력해도 회사는 나를 인정해 주지 않는다', '나는 노력하는데 부하 직원은 노력하지 않는다', '부하 직원이 일을 똑바로 하지 못한다' 등등. 당신이 사는 세계에서는 계속 그렇게 보일 뿐이고, 이건 어디까지나 절망 그 자체예요.

쇼타          물론 지금의 저 자신이 지긋지긋하고 절망스럽기도 합니다. 어떻게 하면 저의 세계를 바꿀 수 있을까요?

키르케고르    자신과 이야기해야 합니다. 타인이나 세상과 어떻게 관계하느냐는 자신과의 대화에 달려 있습니다.

쇼타          자신과는 어떻게 대화해야 할까요?

키르케고르    스스로 생각해 보세요.

쇼타 …….

키르케고르　　　좋아요. 그렇게 시무룩한 표정 짓지 마세요. 특별히 말씀드리죠. 만약 제가 당신이라면,

'세상은 좋은 일들로 가득 차 있다.'

'회사가 나를 부정적으로 보는 건 내가 뭔가를 놓치고 있기 때문이다.'

'내 밑에 있는 부하 직원이 능력을 발휘하지 못하고 있다. 어떻게 하면 좋을지 그들에게 물어 보자.'

'부하 직원과 가능성을 주제로 대화를 나눠 보자.'

'부하 직원 한 사람 한 사람과 대화하면 해결할 수 있을지도 몰라.'

등등 자신과 대화를 나눠 볼 겁니다. 이것은 그저 하나의 예일 뿐이며 스스로 생각하고, 자기를 알고, 자신과 대화를 나누는 게 중요합니다.

키르케고르의 절망 수업

## 사람들과 어떻게 관계를 맺어왔는가

키르케고르     자신을 알기 위해서는 당신이 지금까지 사람들과 어떻게 관계를 맺어 왔는지를 생각해 봐야 합니다.

쇼타     '사람들과 어떻게 관계를 맺어왔는가'라……. 누구와의 관계 말인가요?

키르케고르     예를 들어 부모님, 부인, 자녀, 친구, 상사, 동료, 부하 직원 등입니다. 그들과 어떤 관계를 맺어왔나요? 거기에 진짜 당신이 있습니다.

쇼타     아주 많죠.

키르케고르     누구든 상관없으니 한 사람과의 관계를 살펴봅시다. 누가 좋을까요?

쇼타     돌아가신 아버지로 합시다.

키르케고르     왜죠?

쇼타     줄곧 아버지를 업신여겼으니까요.

키르케고르　　　무슨 말인가요?

쇼타　　　　　아버지는 말을 더듬어서 사람들과 원활하게 대
화를 나누지 못했습니다. 저는 그런 아버지를 평생 부
끄럽게 여기며 살아왔습니다. 참으로 불효막심한 아들
이었죠.


키르케고르　　　그런 의식이 있었다는 거죠?

쇼타　　　　　네. 그래서 아버지가 제일 먼저 떠오른 것 같
아요.


키르케고르　　　의식할 수 있다는 건 중요한 일입니다.

쇼타　　　　　생각해 보면 줄곧 아버지가 생각나서 영업이라
는 직업을 선택한 것 같습니다. 사실 저도 사람들과 대
화하는 데 영 서툴렀습니다. 하지만 영업은 사람들과
이야기하는 일이라서 싫어도 하다 보면 대화가 잘 통하
리라고 생각했어요.

## 자신과도, 타인과도 깊은 관계가 없다면

쇼타       실제로 토크 기술을 연마하기 위해 남다른 노력도 했습니다. 말하기를 주제로 한 세미나에 간 적도 있어요. 덕분에 고객의 마음을 사로잡을 수 있었고, 계약도 많이 따냈습니다. 관리직으로 승진한 것도 동기 중에 가장 먼저입니다.

키르케고르   약점을 극복했군요.

쇼타       네, 저는 그렇다고 생각했습니다.

키르케고르   당신은 아버님과 제대로 마주하고 이야기한 적이 있나요?

쇼타       아니요. 1년에 한 번은 손자 얼굴을 보여 주려고 고향에 내려가곤 했는데, 이야기는 어머니하고만 나눴습니다.

키르케고르   부하 직원에게 영업 사원으로서 시범을 보여준 적이 있나요?

쇼타　　　네. 하지만 사무실에서 대략만 가르치는 경우가 많아요. 제 영업에 동행한 적은 없습니다. 실은 '과장인데 말을 잘 못 하네'라거나 아내처럼 '무슨 말을 하는 건지 모르겠다'고 생각할까 봐 겁이 나서……. 실제로 현장에서 어떻게 하는지 시범을 보여 주고, 설명해 주고, 직접 시켜보면 부하 직원도 성장할 거라고 생각했어요.

키르케고르　　　요컨대 부하 직원 앞에서 약점이 드러날까 봐 도망친 거죠. 당신은 자기 안에 있는 약점을 직시하지 않고 감춘 채로 부하 직원을 대했어요. 즉 당신은 자신이라는 존재와도, 타인이라는 존재와도 깊은 관계를 맺지 못하고 살아온 거예요.

쇼타　　　그 말이 맞을지도 몰라요…….

## 자신과 관계를 맺어야 절망에서 벗어난다

키르케고르　　　'자신과 깊은 관계를 맺는다', 즉 자신을 깊이 들여다보고 약점이 있으면 드러내는 게 좋아요. '할 수 없는 것'을 '할 수 없다'고 인정하고 드러내려면 용기가 필요한데, 그만큼 자신의 약점을 드러낼 수 있는 사람은 강한 사람이죠.

하지만 많은 사람이 자신을 실제보다 크게 보이려 하고 타인에게 잘 보이려고만 하지 스스로를 깊이 들여다보려 하지 않습니다. 결과적으로 자신의 약점을 드러내지 않는다는 것은 자신과 깊이 관계를 맺지 않는다는 뜻이에요. 자신과 관계를 맺으려 하지 않는 사람은 타인과도 깊게 관계하려 하지 않아요.

쇼타     바로 제가 그렇습니다.


키르케고르     당신은 부하와 깊은 관계를 맺으려 하지 않죠. 관리직은 팀을 뭉치게 하기 위해서라도 영업 기술 이상으로 인간관계가 중요합니다. 사람과 깊이 관계를 맺지 않으면 팀으로서의 성과도 당연히 나오지 않아요.

쇼타     저는 관리자가 되기 전까지 영업 실적이 최고였는데, 관리자가 될 자격은 없었는지도 모르겠어요. 형편없는 과장입니다. 역시 좌천을 받아들이고 영업맨으로 돌아가야 할까요?

키르케고르     자신을 형편없다고 생각하는 건 그만두는 게 좋아요. 전혀 생산적이지 않으니까요. 게다가 사실 당신은 형편없는 인간이 아니에요. 그건 당신이 만들어낸 환상일 뿐, 지금 이 순간부터 달라질 수 있습니다.

쇼타     그렇다면 차라리 다른 회사로 이직할까요? 그러면 제 실력을 더 발휘할 수 있을 텐데.

키르케고르     문제의 본질을 잘못 이해하고 있는 것 같군요. 이직 운운하는 건 일단 접어두고, 당신이 지금 자신을 형편없다고 느끼는 이유는 절망 속에 있기 때문입니다. '이직하면 더욱 실력을 발휘할 수 있을 거'라는 가능성에 주목함으로써 현재의 자신을 외면하는 절망 즉, '가능성의 절망'에 빠져 있어요.

그 절망에서 벗어나기 위해서는 아까도 말했듯이 자신과 깊은 관계를 맺어야 합니다. 그렇게 함으로써 자신의 약점과 마주하고, 드러내서, 자신의 눈에 보이는 세계가 그저 한 부분에 불과하다는 사실을 깨달아야 합니다.

# 상처받은 감정을 충분히 음미하라

키르케고르　　자신이 지금 처해 있는 상황을 받아들이고, 나아가고 싶은 방향으로 의식을 모아 한 걸음 한 걸음 신중하게 나아가세요.

쇼타　　감사합니다. 조금이지만 자신감이 돌아왔어요. 곧 부하 직원과 동행해서 직접 영업 현장에 나가보려고 합니다. 의외로 말이 서툴다는 소리를 들어도 개의치 않고 약점을 포함한 모든 걸 드러내 보여 주려고 해요. 그 과정에서 부하 직원이 자신의 영업 스타일을 확립해 준다면 그걸로 만족합니다.

키르케고르　　당신은 지금까지 자신의 성공만을 추구했지만, 앞으로는 다른 사람의 일에도 좀 더 눈을 돌리는 게 좋겠어요. 부하 직원을 더 배려하고 상대의 눈에 볼품없어 보이더라도 나약한 자신을 솔직하게 드러내세요. 할 일은 그것뿐이에요. 그러면 당신은 다음 단계로 갈 수 있어요, 반드시.

쇼타　　다음 단계라니 뭐죠? 설마 부장으로 승진하는

걸까요? 과장직만으로도 부담스러운데, 아무리 생각해도 무리예요!

키르케고르　되기도 전에 그런 생각을 하는 건 의미가 없어요. 당신은 지금까지 상처받는 게 겁이 나서 하기 싫은 일을 하지 않았어요. 하지만, 한번 해 보세요. 그 결과 상처를 받게 되더라도 그 감정을 충분히 맛보세요.

쇼타　상처받은 감정을 충분히 맛보라고요?

불안하면 할수록 감성도 그만큼 커진다.
감성이 늘어나면 불안도 늘어난다.
_『신역 불안의 개념』

키르케고르　이 말에서 알 수 있듯이 다른 사람이나 자신과 깊은 관계를 맺기 위해서는 감성을 키우는 게 중요합니다. 감성을 기르기 위해서는 감정을 맛봐야 해요. 그때 불안이란 감정도 제대로 맛보세요. 그래야 다른 사람이나 자신과 깊은 관계를 맺을 수 있고, 성과가 나올 때까지 참을 수 있는 인내력도 생겨날 겁니다.

## 단점은 때로 장점이, 장점은 때로 단점이 된다

쇼타　　　　죄송합니다……. 아버지 얘기를 좀 더 해도 될
까요?

키르케고르　　물론입니다! 하고 싶은 말이 있으면 주저하지
말고 하세요.


쇼타　　　　돌이켜 보면 아버지는 온화한 사람이었습니다.
제가 어렸을 때 식사 중에 아버지가 아끼던 머그잔을
장난삼아 깨뜨린 적이 있어요. 그때 아버지는 큰소리로
야단치거나 손을 올리지 않고 머그잔이 친한 친구에게
받은 선물이고, 그 친구는 고등학교 시절 유일한 친구
였다고 말해 주었습니다. 그래서 그 일 이후로 다시는
식사 중에 장난을 치지 않았죠.

또 아버지는 마을 공장에서 일했는데, 그 공장 사장님
이 "댁의 아버님은 일을 꼼꼼히 해서 실수가 없다"고
말해 준 적도 있어요. 그때는 아버지가 자랑스러웠습니
다. 직장에서의 신뢰도 두터웠다고 생각합니다.

키르케고르　　아버님이 말은 서툴렀지만 온화하고 성실한 분

이었군요. 여기서 당신에게 장점과 단점에 관해 이야기해 볼까 합니다.

인간에게는 장점과 단점이 있습니다. 단점은 때로 장점이 되기도 하고, 장점은 때로 단점이 되기도 합니다. 성질이 급하다는 단점은 일 처리가 빠르다는 장점이 될 수 있고, 생각을 바로 행동으로 옮긴다는 장점은 남을 기다려 줄 수 없다는 단점이 될 수 있지요. 사람의 성격에는 반드시 양면이 있습니다. 중요한 건 '어느 쪽을 보느냐'입니다. 대부분의 사람은 단점에 주목하기 쉬운데, 상대방의 단점을 발견하면 그 이면의 장점이 어떤 것일지 생각해 보세요.

사람의 견해는, 어릴 시절 부모에게 받은 교육에서 큰 영향을 받습니다. 자신과 깊은 관계를 맺는 과정에서 그 견해가 편향되어 있다면 다시 살펴봐야겠죠.

쇼타　　　그렇군요. 저도 키르케고르 선생님과 이야기를 나누면서 아버지의 장점을 이것저것 생각해 봤습니다.

키르케고르의 절망 수업

## 거울에 비친 자신을 똑바로 바라보라

쇼타        그러고 보니 저는 아버지보다 훌륭한 사람이
       되려는 생각으로 살아왔어요.

키르케고르    그 꿈을 이뤘나요?

쇼타        아니오.

키르케고르    왜 그렇게 생각하죠?

쇼타        되고 싶은 사람이 되지 못했기 때문입니다.

키르케고르    당신이 되고 싶은 사람은 어떤 사람인가요?

쇼타        포용력이 있고 강한 사람입니다. 생각해 보면
       아버지가 딱 그랬어요.

키르케고르    당신에게는 두 아들이 있지요. 아들들이 어떤
       사람이 되기를 바라나요?

쇼타        딱히 이렇게 됐으면 좋겠다는 희망은 없습니
       다. 그 애들에게는 그들의 삶이 있고, 건강하게 자라주

기만 한다면 더 바라는 건 없습니다.

키르케고르    쇼타 씨 아버지도 당신이 그렇게 살기를 바랐는지도 몰라요. 인간은 무의식적으로 부모님에게서 배웁니다. 전부가 아니라 어떤 면을요. 저도 아버지에게 많은 영향을 받았어요. 신앙심이 깊은 아버지의 영향으로 신학을 공부하기도 했고, 그게 싫어져서 신학을 멀리하기도 하면서 제 길을 찾았습니다. 제 이야기는 그만하고 당신에게 한마디만 더 하겠습니다.

가장 먼저 필요한 건 거울을 관찰하는 일이 아니라
거울에 비친 당신 자신을 보는 일입니다.
_「삶의 지혜 키르케고르의 말」

쇼타    그게 무슨 뜻이죠?

키르케고르    '자신의 아쉬운 모습'을 제대로 인정하고, 자신의 실제 모습을 보라! 는 말입니다. 어떻게 사느냐는 자기에게 달렸습니다.

쇼타    그렇죠.

키르케고르　　　이제 어떻게 살 건가요?

쇼타　　　어떻게 살면 좋을까요? 지금 한 가지 말할 수 있는 건 선생님과 이야기하는 동안 부모님과 가족에게 감사하고 싶다는 마음이 생겼다는 겁니다.

키르케고르　　　좋은 생각입니다. 저도 하느님께 귀의한 제 삶에 감사하고 있습니다.

쇼타　　　부하 직원들에게도 감사하고 싶습니다. 그동안 '나만 일하고 있다'고 생각했던 것에 대해 사과하고 싶고요.

키르케고르　　　생각이 바뀌었군요. 아주 바람직한데요.

쇼타　　　네. 도대체 저는 여기에 뭘 하러 온 걸까요?

키르케고르　　　자신이 되기 위해서가 아닐까요?

쇼타　　　자신이 된다?

키르케고르　　　네. 문제는 이미 충분히 해결된 것 같군요.

쇼타       이상하게 만족스러워요. 희망의 빛이 보이기

시작한 것 같습니다. 정말로 감사드려요.

키르케고르     절망은 희망의 빛으로 바뀔 가능성이 크니까

요. 그러기 위해서는 무엇보다 자신이나 타인과 깊은

관계를 맺어야 합니다.

그 후, 쇼타 씨는 자신의 영업에 부하 직원을 동행하며 진지하게 후배 육성에 나섰습니다. 덕분에 부하 직원들이 급성장하고 매출도 올랐습니다, 쇼타 씨에게도 육성 및 매니지먼트 능력이 생겼죠. 3개월 후, 목표에는 아쉽게 도달하지 못했지만 쇼타 씨가 두려워하던 좌천은 면했습니다.

그리고 1년 후, 쇼타 씨는 순조롭게 퇴사했고 자신의 영업 스킬과 육성 및 매니지먼트 능력을 무기로 독립했습니다. 남 탓만 하던 삶을 끝내고 자신의 힘으로 자기답게 사는 삶을 선택한 것입니다. 가족과 보내는 시간도 늘었고, 아내에게 맡겼던 육아에도 적극적으로 참여하고 있다고 들었습니다. 또 아버지의 영정사진을 보며 그동안의 불효를 사과하고 지금까지 잘 키워주신 것에 대해 눈물을 흘리며 감사했다고 합니다.

이렇게 해서 쇼타 씨는 '가능성의 절망'에서 벗어났습니다.

. . . . . . . . . . . . . . . . . . . . . . . . . . . . . . . . . . . . . . . . . . . .

### 키르케고르 선생님이 전하고 싶은 말 ⑦
자신은 물론, 다른 사람과 더 깊은 관계를 맺어라!

# 8장

# 필연성의
# 절망 2

_S. Kierkegaard_.

"항상 첫걸음은

스스로 내디뎌야 한다."

— 『키르케고르의 일기』

### 이즈미 씨의 사례

이즈미 씨(53세)는 혼자 살고 있다.
회사에서 해고당하고 재취업 활동으로 분주하지만……

. . . . . . . . . . . . . . . . . . . . . . . . . . . . . . . . . . . . . . .

## 불안은 미래를 바꿀 가능성

이즈미      저는 지금 어둠 속에 있습니다. 어떻게 하면 빠

져나올 수 있을까요?

키르케고르    요즘 그런 사람들이 많죠. 그래서 어떻게 된 일

인가요?

이즈미      3년 전, 오래 몸담고 있던 회사에서 해고당했어

요. 재취업을 하려고 50곳 이상의 회사에 지원했지만 면

접까지도 가지 못했고요. 모두 서류 전형에서 탈락했죠.

키르케고르    그러면 생활은 어떻게 하고 있죠?

이즈미    고등학교를 졸업하고 30년 넘게 일해서 저축이 조금 있었고 실업 급여도 나왔어요. 하지만 이젠 거의 바닥난 상태예요. 물론 생활비로도 썼지만, 공부에 많은 돈을 썼거든요.

키르케고르    공부요?

이즈미    요즘 하던 일이 사라지거나 대체되는 상황에 대비해서 새로운 기술을 습득하는 리스킬링reskilling이 유행이에요. 그래서 상담이나 코칭 자격증을 따기 위해 학원을 다녔습니다.

키르케고르    자격증이 있다면 취업도 빨리 결정될 것 같긴 한데요.

이즈미    그렇지도 않아요. 나이가 걸림돌이 되는 것 같아요. 같은 자격증을 가지고 있다면 기업은 젊은 사람을 채용하고 싶겠죠. 일뿐만 아니라 뭘 해도 잘 안 되네요. 제 인생은 끝났어요. 게임 오버. 이거 절망에 빠진 거죠?

키르케고르    스스로 그렇게 생각한다면 말이죠.

이즈미    계약금만 간신히 모아 산 아파트도 대출이 잔뜩 남아 있어서 지금은 간신히 이자만 내는 상황이에요. 결혼도 하지 않았고 아이도 없으니 앞으로 불안할 수밖에 없어요.

키르케고르    미래가 불안해서 온 거죠? 불안한 마음을 알아두는 건 인생에서 중요합니다. 불안에 대해 저는 이렇게 생각합니다.

불안한 마음이 드는 게 어떤 건지 아는 것이야말로

누구나 통과해야 할 모험이 아닐까.

_『신역 불안의 개념』

키르케고르    동물은 불안해하지 않습니다. 불안이 크면 클수록 위대한 사람이 되는 거라 생각하고 불안한 감정을 느끼는 걸 부끄러워하지 마세요.

이즈미    그렇게 말해도 매일 불안한 마음에 짓눌릴 것 같습니다.

키르케고르      오케이. 자, 그럼 이런 말을 소개하겠습니다.


불안은 가능성보다 앞서는 (그 이전의) 가능성으로서

자유의 현실(성)이다.

**—『신역 불안의 개념』**


불안을 느끼는 것은 지금 이 순간입니다. '불안한 것'의 내용은 '지금'이 아니라 눈에 보이지 않는 미지의 세계인 거죠. 즉 불안은 '미래의 가능성'보다 앞서 있고, '미래의 가능성을 자유롭게 선택할 수 있다'는 것을 현실에 보여 주고 있다는 뜻입니다.


이즈미      하아……?

키르케고르      감이 별로 안 오는 것 같네요. 제가 좀 더 자세히 설명해 보죠. 불안이 미래에 존재하는 것처럼 생각하는 사람이 많은데, 느끼는 건 '지금'입니다. 그러니 불안을 '지금을 사는' 어떤 신호로 읽으면 좋겠습니다. 불안을 포착했다면 '미래를 바꿀 가능성이 생겼다'고 보고 지금 할 수 있는 일을 하면 됩니다. 인간은 불안을 느끼면 그걸 감추고 느끼지 않으려고 노력하지만, 불안을 직접 느끼면서 행동을 하는 게 중요합니다. 이즈미 씨는 건강해 보이고 생각도 똑 부러지게 할 수 있으니 정신 상태도 문제가 없어 보여요.

이즈미　　네, 정신 상태는 몰라도 몸만은 튼튼합니다.

키르케고르　　그렇다면 불안을 없애기 위해 목표를 세우고 그 목표를 향해 행동할 수 있어요. 행동할 수 있다면 불안은 사라질 겁니다.


## 절망을 깨달았다면 이제 빠져나오는 선택뿐

이즈미　　그렇게 쉽게 불안이 사라질까요?

키르케고르　　그간 당신에게 무슨 일이 있었나요?


이즈미　　아무 일도 일어나지 않았다고 말하는 게 좋을 것 같아요. 아침에 일어나서 아침을 먹고, 일거리를 찾고, 점심을 먹고, 장을 보고, 저녁을 먹고, 한숨을 한 번 쉬고 잡니다. 글로 표현하자면 하루에 한두 줄 정도로 끝날 정도예요. 그것뿐인 매일이죠. 아무 일도 일어나지 않아서 절망하고 있다고 말해도 좋을 정도예요.

키르케고르 　당신은 운이 좋아요. 절망하고 있다는 사실을 알아차릴 수 있어서. 정리해고를 당하고 3년은 그걸 위한 시간이었다고 해도 좋을 거예요. 인생에 허투루 쓰는 시간은 단 1초도 없죠. 절망은 다시 시작할 수 있는 계기가 됩니다.

절망할 수 있다는 건 무한한 장점이다.
_「죽음에 이르는 병, 현대의 비판」

절망을 깨달았다면 이제는 빠져나갈 수밖에 없으니까요. 생각하고, 지혜를 짜내고, 다시 일어설 수 있는 방법을 찾아야 합니다. 게다가 자유롭게 선택도 할 수 있고, 선택지는 무한대입니다.

이즈미 　말도 안 돼! 죄송하지만 키르케고르 선생님은 눈이 뒤통수에 달린 거 아니에요? 저는 가진 게 아무것도 없어요. 고졸이고, 자랑할 능력도 없고, 모아 둔 돈도 없고. 스스로도 웃음이 나올 만큼 가진 게 아무것도 없다고요. 선택할 수 있는 선택지가 제한되어 있어요. 자유로운 선택은 불가능해요.

키르케고르　　당신은 본인이 '아무것도 가진 게 없다'고 생각하고 있군요. 자신을 아무것도 가진 게 없는 상태라고 굳게 믿고 있어요. 내 눈에 비친 당신은 그렇지 않아요. 건강한 몸이 있고, 대출금이 남아 있다 해도 살 집이 있고, 저를 찾아올 작은 용기도 있죠. '무엇이든 가지고 있는 것'처럼 보여요. 뭐, 좋아요. 이제 당신의 이야기를 들어보겠습니다.

## '뭐 이대로도 괜찮아'라는 생각도 절망

이즈미　　학력도 능력도 대단하지 않은 저의 작은 꿈은 평범하게 살며 정년까지 회사에서 근무하고, 예순 다섯부터는 연금을 받으며 원하는 대로 사는 거였어요. 나이 쉰에 그 꿈을 접어야 했지만요. 급하게 자격증을 땄지만, 자격증이 있다고 해서 취직할 수 있는 게 아니더군요. 돈과 시간을 쏟아부었는데 아무것도 얻지 못하고 그냥 썩히고 있잖아요. 이런 제가 뭘 선택할 수 있겠어요? 어차피 저 같은 건 뭘 해도 안 돼요!

키르케고르    너무 흥분하지 마세요. 과거는 과거일 뿐이에요. 지금의 당신과는 관계가 없습니다. 당신은 눈앞의 현실에 완전히 매몰되어 있습니다. 스스로 아무것도 가진 게 없다고 단정 짓고 무의식적으로 지금 상태에 매달리려 하고 있어요. 절망의 유형으로 말하자면, '필연성의 절망'입니다.

이즈미    필연성의 절망?

키르케고르    네. 즉 '지금 존재하는 자신'을 전면적으로 받아들이고, '마땅히 그래야 할 자신'을 잃어버린 상태입니다. 타고난 외모나 환경 등에 사로잡혀, 마땅히 그래야 할 자신을 잃어버린 절망. '내가 아무리 노력해 봤자 아무것도 변하지 않으니 이대로도 좋다'는 생각에 빠져 있다면, 그 사람은 필연성의 절망에 빠져 있다고 할 수 있습니다.

이즈미　　　제가 '마땅히 그래야 할 자기를 잃었다'는 말인

　　가요?

키르케고르　　그래요. 당신은 너무 작은 틀 안에서 살려고 해

　　요. 당신의 이상은 뭔가요? 스스로 생각하기에 마땅히

　　그래야 할 본인의 모습은 어떤 모습인가요? 제가 보기

　　에 당신에게는 아무 문제도 없어요. 지금 겪는 현실만

　　보지 말고 좀 더 자신의 내면에 눈을 돌려 어떤 사람이

　　될 건지, 어떤 삶을 살 건지 스스로 결정하세요.


이즈미　　　…….

키르케고르　　아직은 잘 모르겠죠? 그럼 당신에게 이 말을 해

　　주고 싶군요.


　　인간이라는 존재는 누가 뭐라 해도 불합리하다. 인간은 자신

　　이 가진 자유를 결코 행사하지 않으면서 자신이 가지지 못한

　　자유를 요구한다.

　　　　　　　　＿『인생의 지혜 XIII 키르케고르의 말』


키르케고르　　자신의 사정에 따라 이런저런 변명을 하고 책

임은 지지 않는 삶을 살아가고 있다는 뜻입니다. 자신을 더 깊게 단련하지 않고 그 대신 자기의 외부에 어떤 자유가 있다는 듯 허상을 좇는 거죠. 당신은 자유를 얻고 싶어 하면서 자유로워졌습니다. 그런데 '자유로운 인생을 살고 있다'고 스스로 인정하지 않고 다른 자유가 있을 거라고 믿으며 그것을 얻지 못했다고 한탄하고 있어요.

이즈미      내가 자유를 손에 넣었다고요?


키르케고르      네. 정리 해고를 당했더라도 결과적으로 회사를 그만둠으로써 자유를 손에 넣었고, 그 자유로운 시간을 이용해 자격증 공부를 할 수 있었어요. 그런데 당신은 사색의 자유를 남용하고 있죠.

이즈미      자유를 남용하고 있다? 머리가 혼란스러워졌어요…….

## 자유에는 책임이 따른다

키르케고르     당신은 회사를 그만둔 게 '구조 조정' 때문이라는 편리한 해석을 하고 있어요. 실제로 무슨 일이 일어나 회사를 그만두게 되었는지 생각하지 않죠. 즉 어떤 책임도 지지 않은 채 자유롭게 살고 있습니다. 규정을 깨는 삶을 살고 있는 거예요.

이즈미     하지만 회사 사정으로 해고된 건 사실입니다.


키르케고르     당신의 삶과 관련되어 일어난 모든 일은 당신 책임입니다. 모든 걸 자신에게 맞춰 생각해 보세요. 남 탓을 하기 시작하면 해결책을 생각하지 못하고, 살아나갈 힘도 생기지 않습니다.

이쯤에서 인생에서 중요한 걸 말씀드리겠습니다. 자신의 삶을 책임지는 것이 '책임'입니다. 책임을 져야 자유롭게 살 수 있어요. 그런데 당신은 책임을 포기하고 자유만 누리고 있어요.

당신은 회사에 몇 년간 고용되어 거기서 받은 돈으로 생활하고 아파트까지 구했습니다. 그 회사를 선택해서 취직했을지도 모르지만, 그런 당신을 회사가 선택해 주지 않으면 입사할 수 없습니다. 말하자면 개인으로서 우대받아 온 거예요. 그 회사에서 일하는 동안에는 좋은 일도 있었고 그렇지 않은 일도 있었겠죠. 하지만 이제 끝을 낼 순간이 왔어요.

이 모든 일을 받아들이는 게 책임의 시작입니다. 자신에게 일어나고 있는 일을 모두 받아들인다(책임을 진다). 여기서부터 미래의 불안이 가능성으로 바뀝니다.

**이즈미**      점점 더 모르겠어요.


**키르케고르**      이해하려고 노력해 보세요. 지난 3년간 당신은 '나는 잘못한 것도 없는데 구조 조정을 당하고, 재취업을 하지 못해서 곤욕을 치르고 있어. 내 인생은 정말 불행의 연속이야'라며 한숨만 쉬는 나날을 보냈어요. '학력도 능력도 없고 아파트는 아직 대출금이 남아 있고'라며 제멋대로 자신을 규정했죠.

제가 보기에 이런 말은 '자신과의 해도 그만 안 해도 그만인 대화', '자신의 인생에 대해 무책임한 대화'로 들립니다. 자기 멋대로 만든 설정인데도 '일어날 만해서 일어났다', '필연적으로 일어났다'고 받아들이고 어쩔 수 없다고 체념합니다. 마땅히 그래야 할 자신(되고 싶은 자신, 이상적인 자신)을 보지 않고 외면하고 있는 거죠.

손을 뻗으면 맛있는 요리를 먹을 수 있는데 '어차피 손이 닿지 않을 테니까'라며 손을 뻗기도 전에 포기합니다. 그러면 아무것도 달라지지 않아요. 단 하나도.

## 자신이 결정하면 인생도 결정된다

이즈미      그럼 저는 어떻게 해야 할까요?

키르케고르      지금 이 순간부터 자신의 인생을 스스로 만들어가면 됩니다. 무엇이든 가능하다고 생각하고 자신의 삶에 책임을 진다면 당신은 자유예요.

이즈미      뭐든 가능하다고요?

키르케고르      네. 당신은 어떤 사람이 되고 싶나요?

이즈미      …….

키르케고르　　　스스로 생각해 보세요.

이즈미　　　생각하는 데 익숙하지 않아서…….

키르케고르　　　지금까지 자신의 인생을 진지하게 생각하지 않았으니까?

이즈미　　　네. 혼자 결정해 본 적은 거의 없어요. 사실 오래 근무한 회사도 고등학교 선생님이 추천해 준 곳이었습니다. 고등학교를 졸업할 때 주변 분위기에 휩쓸려 대학에 진학하려고 생각했지만, 지망하는 대학에 들어가지 못했어요. 그래서 선생님에게 신세를 졌죠. 그 회사도 제 의사가 아니라 구조 조정이라는 형태로 퇴직했고요. 그런 제게 자유니 선택이니 하는 말을 해 봤자 소용없어요.

키르케고르　　　하지만 저에게 온 건 이즈미 씨 생각이었잖아요?

이즈미　　　네. 그것만은 자신 있게 말할 수 있어요(웃음).

키르케고르　　　올바른 선택이었어요. 거기서부터 당신은 스스로 자신의 인생을 걸어갈 수 있게 된 거예요. 생각하는 걸 도와드리죠. 자, 당신은 뭐든지 할 수 있습니다. 그냥 생각해 보는 거니까요. 뭘 하겠습니까?

이즈미　　　역시 다시 취직하고 싶어요.

키르케고르　　그렇군요. 그것 말고 또 뭐가 있죠?

이즈미　　　글쎄요……? 할 수 있을지 어떨지는 모르겠지만, 일단 독립해서 스스로 사업을 시작해 보고 싶어요. 하지만 무리인 것 같아서…….

키르케고르　　왜요. 생각했으니까 할 수 있습니다.

이즈미　　　정말요?

키르케고르　　그럼요. 뭐든지 할 수 있습니다.

이즈미　　　한번 해 볼까요.

키르케고르　　꼭이요. 당신이 결정하면 인생이 결정됩니다.

이즈미　　　그러면 회사에서 일하는 건 관두고 어렵게 딴 상담과 코칭 자격증을 활용해서 직접 회사를 만들어 볼게요.

키르케고르     처음으로 스스로 결단을 내리고 선언을 했네요. 저는 더 이상 해 줄 말이 없습니다.

이즈미     아, 끝인가요? 뭐든 좀 더 말해 주세요. 구체적으로는 아무것도 정해진 게 없잖아요?

키르케고르     그럼 한 가지만 더 말씀드릴게요.

하느님은 내가 무엇을 해야 하는지 직접 말해 주지 않는다. 나는 최선을 다해 생각한 끝에 가장 옳다고 생각되는 일을 하고, 겸허한 자세로 나의 결심과 계획, 그리고 행동을 하느님의 손에 맡긴다.

_「키르케고르의 일기」

이즈미     무슨 뜻이죠?

키르케고르     아직 아무것도 변하진 않았습니다. 하지만 당신은 '회사를 설립하겠다'고 선언했습니다. 이 선언은 한 걸음을 크게 내딛었다는 뜻이에요. 자신의 환경을 바꾸기로 결심하고 구체적인 말로 표현했으니까요. 당신은 자신의 말에 힘을 얻어 방금 걷기 시작했습니다.

오늘부터 세상이 다르게 보일 거예요. 왜냐하면 아무것도 가진 게 없다는 생각에 지배당하던 세계에서 행동과 열정이 솟아나는 세계로 나아가기 시작했으니까요.

이즈미　　　듣고 보니, 이곳에 오기 전의 나와는 다른 사람이 된 것 같은 기분이 들어요. 어쩌면 상담·코칭 자격과 30년 넘게 회사에서 일하며 길러 온 스킬을 살리면, 다른 사람에게 도움이 될지도 몰라요.

키르케고르　　느낌이 좋은걸요. 중요한 건 작은 첫 걸음이에요. 구체적으로 무엇을 할 건지 결정한 후에 행동으로 옮겨보세요.

이즈미　　　우선 뭘 하면 좋을까요?

키르케고르　　힌트라면 목표를 절묘하게 설정하는 거? 너무 높지도 낮지도 않게, 조금만 무리해서 노력하면 달성할 수 있는 목표를 세우는 겁니다. 그리고 자신이 정한 목표를 달성하기 위해 해야 할 일을 하나하나 착실하게 해나가는 게 물론 중요해요.

이즈미     매일 해야 하는 행동으로는 뭘 추천하시나요?

키르케고르     일에 대해, 생활에 대해, 부모님에 대해, 자신이 되고 싶은 모습에 대해 끊임없이 비전을 그리는 습관을 가지세요. 일기장에 써도 좋고, 친구에게 공유해도 좋고, SNS에 매일 콘텐츠를 올리는 것도 좋겠죠. 꾸준히 하다 보면 진짜 자신을 되찾을 수 있을 거예요.

이즈미     알겠습니다. 정말 감사합니다.

이즈미 씨는 선언한 대로 회사를 설립했습니다. 자신을 구원해 준 키르케고르의 실존 철학을 바탕으로, 고민이 많은 사람들을 대상으로 하는 회사입니다. 고뇌하는 사람들에게 자신을 구원해 준 키르케고르의 실존 철학을 소개하고 활용할 수 있게 도움을 주는 회사입니다. 실직 중에 배운 상담·코칭 기술이 고민을 해결하는 데 큰 도움이 되고 있다고 합니다.

. . . . . . . . . . . . . . . . . . . . . . . . . . . . . . . . . . . . . . . . . . .

### 키르케고르 선생님이 전하고 싶은 말⑧
자신의 삶에 더 책임감을 가져라!

부록

# 절망의 수준별
# 대처법

키르케고르는 저서 『죽음에 이르는 병』에서 절망을 다양한 각도에서 분류하고 분석하고 고찰했습니다. 그리고 다음과 같이 크게 두 가지로 분류했습니다.

- **절망의 형태**
  키르케고르는 각자의 절망과 관계가 깊은 항목에 따라 4가지로 분류했습니다.
  이 4가지란 '무한성', '유한성', '가능성', '필연성'을 말합니다.
- **절망의 수준**

　　　　　　　　　　　키르케고르의 절망 수업

키르케고르는 스스로 '절망을 의식하고 있는가', '의식하지 않는가'에 따라 절망의 강도를 수준별로 분류했습니다.

앞서 이미 절망의 여러 형태와 대처법에 대해 설명했습니다. 여기에서는 절망의 수준에 따른 대처 방법에 대해 정리합니다.

## 절망의 수준별 대처법

이 책에서도 언급했듯이 '자신이 절망하고 있다'는 사실을 의식할 수 있다는 건 결코 나쁜 게 아닙니다. 의식할 수 있다면 극복할 가능성도 있기 때문입니다. 절망이 깊을수록 더 깊이 있는 삶을 살 수 있습니다.

오히려 주의해야 할 것은 '내가 절망하고 있다'는 사실을 알아차리지 못하는 경우입니다. 아무것도 생각하지 못해서 발전 가능성이 낮습니다.

## 절망의 수준별 특징

레벨 1 자신이 절망하고 있는지도 모르는 상태: 수준이 낮은 절망으로 활력이 넘칠 때 이런 상태가 많다. 아무 생각이 없다.

레벨 2 자신이 절망하고 있다는 걸 자각한 상태: 절망의 강약에 따라 두 가지로 나눌 수 있으며, 다시 각각 두 가지 타입으로 나뉜다.

### ① 나약함의 절망

    a 현실 도피하는 타입(쾌락이나 행운의 신에게 버림받았다고 믿는다)

    b 분노하는 타입(자신의 나약함에 분노한다)

### ② 강인함의 절망

    a 오만한 타입(자신의 수준이 높아서 세상이 자기를 이해해주지 않는다고 생각한다)

    b 슬퍼하는 타입(남의 의견을 듣지 않고, 집 안에 틀어박혀 다람쥐 쳇바퀴 돌 듯이 산다)

※ 키르케고르는 '죄로서의 절망'도 다루고 있는데, 종교적인 색채가 짙어서 이 책에서는 생략합니다.

## 당신의 절망 수준은 어느 정도인가?

다음 다섯 가지 중 자신에게 맞는 것을 하나만 고르세요.

① 나는 절망하지 않는다. ⋯⋯⋯⋯⋯⋯⋯⋯⋯⋯⋯⋯⋯ ☐

② 나는 절망에 빠져 있다.

　나는 운이 나쁘다고 생각한다. ⋯⋯⋯⋯⋯⋯⋯ ☐

③ 나는 절망에 빠져 있다.

　나는 쉽게 상처받는 무능한 인간이라고 생각한다.

　자신에게 화가 난다. ⋯⋯⋯⋯⋯⋯⋯⋯⋯⋯⋯⋯⋯⋯ ☐

④ 나는 절망에 빠져 있다.

　세상 사람들은 나를 이해하지 못하고

　사회가 나를 따라오지 못한다. ⋯⋯⋯⋯⋯⋯⋯ ☐

⑤ 나는 절망에 빠져 있다.

　나를 내버려 뒀으면 좋겠다.

　어차피 내 인생은 망했다. ⋯⋯⋯⋯⋯⋯⋯⋯⋯⋯ ☐


## 당신의 절망 수준은 다음과 같다

①번을 선택한 사람 → 레벨 1

②번을 선택한 사람 → 레벨 2　**나약함의 절망**

　　　　　　　　　　a 현실 도피하는 타입

③번을 선택한 사람 → 레벨 2   나약함의 절망

b 분노하는 타입

④번을 선택한 사람 → 레벨 2   강인함의 절망

a 오만한 타입

⑤번을 선택한 사람 → 레벨 2   강인함의 절망

b 슬퍼하는 타입


**절망의 수준별 대처법**

각 수준별, 유형별 대처 방법은 다음과 같습니다.


**레벨 1의 대처법**

자기 자신을 자각해야 합니다. 그러기 위해서는 타인의 행동 중 마음에 들지 않는 행동이 있다면, 그것이 자신의 투영된 모습임을 알아차리는 일부터 시작합시다. 인간은 자신을 볼 수 없어서 '보이는 상대'를 통해 스스로를 발견합니다. 바로 그것이 자신을 알아가는 길입니다.


**레벨 2   ① '나약함의 절망' a 현실 도피하는 타입의 대처법**

진짜 본인이 되고 싶지 않은 타입입니다. 이 책의 사례에서는 3장의 나오코 씨(가능성), 4장의 미유키 씨(필연성)가 이 유형에 해당합니다. 대처 방법은 우선 자신을 '선택'할 것, 그런 다음 추상적인 반성을 그만두고 '나는 누구인가?'를 구체적으로 탐구하고 설정해야 합니다.

### 레벨 2 　① '나약함의 절망'　b 분노하는 타입의 대처법

자신의 나약함에 분노하는 타입입니다. 실제로는 아무 일도 일어나지 않았지만, 자신이 만들어낸 이야기에 화가 나 있습니다. 이 책의 사례에서는 1장의 고이치 씨(무한성), 2장의 시즈코 씨(유한성)가 이 유형입니다. 대처 방법은 아무 일도 일어나지 않았다는 사실을 깨닫고, 새롭게 창조한 자신의 인생과 다시금 관계를 맺는 것입니다.

### 레벨 2 　② '강인함의 절망'　a 오만한 타입의 대처법

진짜 자신이 되고 싶어 하는 타입입니다. 이 책의 사례에서는 5장의 가즈에 씨(무한성), 7장의 쇼타 씨(가능성)가 이 유형에 해당합니다. 대처 방법은 우선 자기 부정을 하고 있다는 사실을 인식해야 합니다. 그리고 자신의 자아를 절대시하고 오만한 태도로 상대를 대하는 버릇을 자각해야 합니다.

### 레벨 2  ② '강인함의 절망'  b 슬퍼하는 타입의 대처법

영원한 이상에 이끌리는 타입입니다. 미래의 자신을 향한 절망을 슬퍼하고 있지만 그 슬픔을 맛보는 건 피하려고 합니다. 이 책의 사례에서는 6장의 도시오 씨(유한성), 8장의 이즈미 씨(필연성)가 이 유형입니다. 대처법은 자신의 감정을 제대로 음미하는 것뿐입니다.

여러분은 어떤 유형인가요? 자기 자신을 분석함으로써 본인의 유형을 깨닫고 절망에서 벗어나길 진심으로 바랍니다.

끝으로

# 자신과도, 타인과도,
# 거짓 없는 마음으로 진솔한 대화를 나누자

일전에 한 어머님이 상담을 하러 왔습니다.

"아이가 옆집에 사는 할아버지가 아끼던 화분을 깼어요. 바로 새 화분을 사서 보냈는데 할아버지는 마음이 풀리지 않으셨는지 오늘도 무서운 얼굴로 노려봤어요. 어떻게 해야 할지 모르겠어요."

나는 "그 할아버지에게 '어떻게 하면 좋을까요?'라고 물어봤나요?" 하고 물었습니다. 그러자 어머님은 "묻지 않았어요"라고 대답했습니다.

어머님은 악의는 없었습니다. 하지만 깊게 생각하지 않고 새 화분으로 변상해서 깨트린 걸 없었던 일로 하려고 했던 것입니다. 그러면 문제가 해결되지 않습니다. 이 경우 문제 해결에 필요한 것은 꾸밈 없는 솔직한 대화입니다. 그게 전부죠.

어머님은 화분을 사서 보내기 전에 아이와 함께 할아버지를 찾아가 "이번 일은 정말 죄송했습니다. 제가 할 수 있는 일이 있으면 말씀해 주세요"라고 말했어야 했습니다. 할아버지가 편협한 사람이 아니었다면 그 자리에서 용서해 줬을 것입니다.

'할아버지에게 새 화분을 보내면 분명 용서해 줄 거야'라는 건 어머님의 상상일 뿐입니다. 먼저 할아버지를 만나 이야기를 들어 보고 솔직하게 대화를 나누는 것이 현실 세계로 눈을 돌린다는 뜻입니다.

키르케고르는 저에게 꾸미지 않은 참된 마음의 중요성을 다시 한번 일깨워주었습니다. 자신의 마음을 속이지 않고 진실하게 살아간다는 것은 다음과 같습니다.

- 자신의 주변에서 일어나는 일을 자기 일처럼 생각한다.
- 눈앞에서 일어난 일, 자기가 한 일(실패)을 바로 덮어두려 하지 않는다.

- 스스로에게 거짓말을 하지 않는다.
- 누군가와의 관계에서 문제가 생겼다면 상대방의 솔직한 마음을 잘 듣고 함께 해결책을 생각한다.

자신의 마음을 속이지 않고 진실하게 살면 마음속에 파도가 일지 않습니다. 파도가 일어도 스스로 컨트롤할 수 있습니다. 마음속에 파도가 일지 않으면 남과 싸울 일이 없습니다. 한 사람 한 사람이 거짓 없이 솔직하게 이야기를 나눌 수 있다면 온화한 사회, 평화로운 세계가 실현될 수 있을 거라고 믿습니다.

2018년 7월 『책임은 어떻게 삶을 성장시키는가: 행동하는 철학자 사르트르에게 배우는 인생 수업』을 출간하고 5년 반이 지나, 간신히 『키르케고르의 절망 수업』을 출간했습니다. 이 기간 동안 저는 동료와 함께 '개인'으로서의 자신을 계속 탐구해 왔습니다. 특히 코로나 사태가 있었던 3년간은 '자신을 돌아보는' 기회가 늘었고 그 결과 키르케고르의 가르침을 만날 수 있었습니다.

이 책을 내자는 제안에 처음으로 찬성해 준 야마모토 씨, 출판을 승낙해 준 모리오카 씨, 함께 글을 써준 오가와 씨, 감사합니다. 기획부터 책이 나오기까지 쭉 곁에서 도와준 유코 씨, 아이아이 어소시에이츠 동료 여러분, 진심으로 감사드립니다. 비서인 만다와 남편인 쓰쓰미 신야에게는 24시간 도움을 받았습니다.

심혈을 기울인 두 번째 책을 출간할 수 있었고, 혼자서는 이룰 수 없는 일을 달성한 지금은 충실감과 기쁨으로 가득합니다. 감사합니다. 이 책을 읽은 여러분도 진실되게 살아갈 수 있기를 진심으로 바랍니다.

쓰쓰미 구미코

# 참고문헌

- 『키르케고르의 일기—철학과 신앙 사이キェルケゴールの日記—哲学と信仰のあいだ』 쇠렌 키르케고르 지음, 스즈키 유스케鈴木祐丞 엮음, 고단샤講談社

- 『키르케고르 저작집〈제1권〉 이것이냐, 저것이냐Enten-Eller』 아사이 마사오淺井真男 번역, 하쿠스이샤白水社

- 『사람과 사상 19 키르케고르人と思想19 キルケゴール』 구도 야스오工藤綏夫 지음, 시미즈서원清水書院

- 『반복Gjentagelsen』 쇠렌 키르케고르 지음, 마스다 게이사부로桝田啓三郎 번역, 이와나미서점岩波書店

- 『인생의 지혜 XIII 키르케고르의 말人生の知恵XIII キルケゴールの言葉』 오타니 히데히토大谷愛人, 야요이서방彌生書房

- 『죽음에 이르는 병Sygdommen til Døde』 스지키 유스케 번역, 고단샤학술문고講談社学術文庫

- 『죽음에 이르는 병, 현대의 비판Sygdommen til Døde』 마스다 게이사부로 번역, 중공클래식中公クラシックス

- 『신역 불안의 개념Begrebet Angest』 무라카미 교이치村上恭一 번역, 헤

이본사라이브러리平凡社ライブラリー

- 『키르케고르 아름다움과 윤리 사이에 선 철학キルケゴール 美と倫理の はざまに立つ哲学』 후지노 히로시藤野寛 지음, 이와나미현대전서岩波現 代全書

- 『키르케고르 저작집 15 사랑의 행위 제1부Kjerlighedens Gjerninger』 무 토 가즈오武藤一雄訳·아시즈 다케오芦津丈夫 번역, 하쿠스이샤

- 『90분만에 알 수 있는 키르케고르90分でわかるキルケゴール』 아사미 쇼고浅見昇吾 지음, 아오야마출판사青山出版社

- 『죽음에 이르는 병』 쇠렌 키르케고르 지음, 사이토 신지斎藤信治 번 역, 이와나미문고岩波文庫

- 『죽음에 이르는 병』 쇠렌 키르케고르 지음, 마스다 게이사부로 번 역, 지쿠마학예문고ちくま学芸文庫

- 『키르케고르 '죽음에 이르는 병'』 야마시타 히데토모山下秀智 번역, 교요서방晃洋書房

- 『인간이 된다는 것 키르케고르에서 현대로人間になるということ キルケ ゴールから現代へ』 스토 다카야須藤孝也 지음, 이분샤以文社

- 『만화로 읽는 죽음에 이르는 병まんがで読破 死に至る病』 쇠렌 키르케 고르 지음, 버라이어티아트웍스 기획·만화, 이스트프레스

- 『누구도 가르쳐주지 않은 '죽음'의 철학 입문誰も教えてくれなかった 「死」の哲学入門』 나이토 레이코内藤理恵子 지음, 일본실업출판사日本実業 出版社

- 『현대에서 실존주의의 의미 키르케고르부터 사르트르로現代におけ

る実存主義の意味 キルケゴールからサルトルへ』아오야기 스스무青柳進 지음, 근대문예사

- 『키르케고르 철학적 단편Philosophiske Smuler』 쇠렌 키르케고르 지음, 기토 에이이치鬼頭英一 전역, 평론사評論社
- 『세계의 명저 키르케고르世界の名著 キルケゴール』 마스다 게이사부로 번역, 중앙공론사中央公論社
- 『키르케고르와 안데르센キルケゴールとアンデルセン』 무로이 미츠히로室井光弘 지음, 고단샤
- 『헤겔 정신현상입문ヘーゲル 精神現象学入門』 하세가와 히로시長谷川宏 지음, 고단사선서메티에講談社選書メチエ
- 『헤겔 살아가는 힘으로서의 변증법ヘーゲル 生きてゆく力として弁証法』 구리하라 다카시栗原隆 지음, NHK출판NHK出版

# 키르케고르의 절망 수업

**1판 1쇄 인쇄** 2024년 11월 20일
**1판 1쇄 발행** 2024년 12월 5일

**지은이** 쓰쓰미 구미코
**옮긴이** 전경아

**발행인** 양원석 **편집장** 차선화 **책임편집** 차지혜
**디자인** 신자용, 김미선 **영업마케팅** 윤송, 김지현, 이현주, 유민경, 백승원

**펴낸 곳** ㈜알에이치코리아
**주소** 서울시 금천구 가산디지털2로 53, 20층(가산동, 한라시그마밸리)
**편집문의** 02-6443-8862 **도서문의** 02-6443-8800
**홈페이지** http://rhk.co.kr
**등록** 2004년 1월 15일 제2-3726호

ISBN 978-89-255-7427-1 (03100)